长溪文脉

福安非物质文化遗产集萃

◎李健民　主编　◎陈国华　副主编
◎福安市文体和旅游局　福安市文化馆　编

海峡出版发行集团
THE STRAITS PUBLISHING & DISTRIBUTING GROUP
福建人民出版社

图书在版编目（CIP）数据

长溪文脉：福安非物质文化遗产集萃 / 李健民著. --福州：福建人民出版社，2022.12

ISBN 978-7-211-09052-5

Ⅰ.①长…　Ⅱ.①李…　Ⅲ.①非物质文化遗产—介绍—福安　Ⅳ.①G127.574

中国版本图书馆 CIP 数据核字（2022）第 252369 号

长溪文脉——福安非物质文化遗产集萃

CHANGXIWENMAI——FUAN FEIWUZHI WENHUA YICHAN JICUI

作　　者：李健民
责任编辑：林　顶
美术编辑：林　玲
责任校对：陈　璟
出版发行：福建人民出版社　　电　　话：0591-87533169(发行部)
网　　址：http://www.fjpph.com　　电子邮箱：fjpph7211@126.com
地　　址：福州市东水路 76 号　　邮政编码：350001
经　　销：福建新华发行（集团）有限责任公司
印　　刷：福州统济印务有限公司
地　　址：福州市晋安区新店镇汤斜村工业小区
开　　本：787 毫米×1092 毫米　1/16
印　　张：18
字　　数：264 千字
版　　次：2022 年 12 月第 1 版
印　　次：2022 年 12 月第 1 次印刷
书　　号：ISBN 978-7-211-09052-5
定　　价：98.00 元

长溪文脉

——福安非物质文化遗产集萃

编委会

顾　问：周祥祺　黄其山　林铃顺　周华健　吕增华

主　任：林　霁

副主任：雷平东

成　员：陈国华　张玉文　黄河爔　林　栩　林树清

编写组

主　编：李健民

副主编：陈国华

成　员：（按姓氏笔画顺序）

李　杰　李健民　李毓贤　吴　璐　陈国华

陈国栋　林树清　钟隐芳　黄　俊　雷瑞华

长溪入海

序

周祥祺

文化遗产是历史留给人类的财富，是祖先智慧的结晶，是连结民族情感、维系国家统一的重要基础。习近平总书记强调，“要扎实做好非物质文化遗产的系统性保护，更好满足人民日益增长的精神文化需求，推进文化自信自强”，党的二十大报告也指出，“加大文物和文化遗产保护力度，加强城乡建设中历史文化保护传承”。福安有着悠久的历史和灿烂的文化。根据考古单位的发现并发掘，早在三千多年前的商周时期，就有闽越先民活跃在长溪主干流两岸，并且留下了最初的文化记忆。此后历朝历代，这一片土地在中华民族文化发展史上都有精彩的表现，尤其是宋淳祐五年（1245）建县以后，福安更以一个独立的县级行政区身份活跃在赤县神州的大舞台上，恣意挥洒长溪文化的华彩篇章，为子孙后代留下了丰厚的文化遗产。

多年来，福安市积极探索优秀文化遗产的保护和传承工作，着力推进与现代生活、产业发展和文化传播相融合并取得丰硕成果。就非物质文化遗产来说，迄今已有53个项目被列为非物质文化遗产代表性项目：国家级3项（其中1项列入人类非物质文化遗产代表作名录）、福建省级11项、宁德市级15项、福安市级24项。非物质文化遗产的保护与传承离不开传承人的坚守、民间协会的努力以及保护单位的支持。近年来，福安市非遗保护工作机制不断完善，大力推进非物质文化遗产的挖掘和保护，注重古老技艺的申遗工作，一大批民间的传统技艺在入选非遗项目后，如枯木逢春，重新焕发光彩。

为了展示前一阶段福安非遗工作的成果，普及本土非物质文化遗产项目知识，进一步增强广大民众的非遗保护传承意识，总结成功经验，更好地做好今后的非遗工作，福安市文化部门组织力量编写完成《长溪文脉——福安非物质文化遗产集萃》一书。这是一个很有意义的文化工程，该书采用图文并茂的读本形式，简明通俗地介绍福安本土非物质文化遗产的基本情况；对相应的非遗项目来说，既是普及也是提升，既是传承也是发展。文化遗产保护的实质是文化自觉与文化创新，而人民群众是文化传承的主体，也是文化创新的主体。保护好、传承好、发展好文化遗产，需要全民共识和各界支持。因此，必须站在留住文化根脉、守住民族之魂的高度，不断增强弘扬优秀传统文化的责任感和使命感，让更多人在现代生活中自觉处理好传统与现代、继承与发展的关系，守住民族文化的“根”与“魂”，使文化生态良性发展、生生不息。

文化遗产不仅是人类共同的文化瑰宝，还是人类文明的“活态”延续。习近平总书记指出：“历史文化遗产承载着中华民族的基因和血脉，不仅属于我们这一代人，也属于子孙万代。要敬畏历史、敬畏文化、敬畏生态，全面保护好历史文化遗产，统筹好旅游发展、特色经营、古城保护，筑牢文物安全底线，守护好前人留给我们的宝贵财富。”本书所集中展示的非遗项目是长溪故土的文脉，是福安通往未来、走向世界的通行证；它将帮助福安各族人民广泛汲取民族精神养分，进行爱国主义和革命传统教育；并在对外交流、保护旅游业发展中发挥重要作用，必将得到全体福安乡亲的珍惜爱护。

加强文化遗产保护，是延续历史文脉，坚定文化自信，全面建设社会主义现代化国家、全面推进中华民族伟大复兴的必然要求。必须坚持以习近平新时代中国特色社会主义思想为指导，深入贯彻落实党的二十大精神和习近平总书记关于非物质文化遗产保护工作重要指示精神。福安市的非遗工作虽然已经取得了一些成绩，但仍有许多事等着我们去做。值此《集萃》即将出版之际，谨发表上述感言，以资祝贺。希望本书能够促进福安非物质文化遗产知识的普及，推动全市上下进一步保护好、传承好、利用好福安的非物质文化遗产，为在全面建设社会主义现代化国家新征程上奋力谱写福安高质量发展新篇章提供强大的精神力量！

作者为中共福安市委书记

Contents

目录

导言

长溪文化与非遗保护

李健民

长溪文化的空间概念

一、长溪是福安的文化符号

我们先来读一首诗：

宸封纪事

环山云树共依依，水绕孤城塔势飞。
下濑滩头新绰楔，上杭街里旧乌衣。
露寒渔艇乘潮出，月落樵人问渡归。
昨日来编桑槿户，殷勤南野复前徽。[①]

诗作者严德泳，清康熙五十四年（1715）任福安知县，浙江乌程人，进士。这首诗为我们描绘了一幅18世纪前期福安（宸封）的图景：青山环抱，碧水绕城，激流滩濑，渔艇乘潮；街里衣冠诗书绰楔，南野农户桑槿殷勤。让今天的我们仿佛也听到五百年前的山风与海涛，感受到那时的朝露与落月。而这一切都与一条叫作“长溪”的水流紧密相关。

长溪发源于浙闽边境的洞宫山脉，总长868千米，干流长171千米，是闽东第一大河，也是闽东内陆最主要的出海口，长溪也因长而得名。[②]长溪之名始于唐代，清乾隆《福宁府志》：“唐以溪源发自庆元，数折入海，遂名长溪。”长溪水系由若干段落和支流组成，其主要部分在福安境内，浙江庆元人称长溪为“福安江”。[③]上游是东溪、西溪两条支源，在

①〔清〕张景祁《福安县志》卷之十六《职官》、卷之三十六《艺文》。绰楔：树于门首以旌表孝义的木牌。

②〔明〕何乔远《闽书》卷之三十一《方域志》：长溪“源自浙江庆元，流至东口，与平溪会流，下达古镇门（即白马门）入海。其溪逶迤数百里，故名长溪。”

③ 刘杰、胡刚主编《乡土庆元》，浙江古籍出版社，2011年版，第9页。

后溪
（寿泰溪）
（交溪）
西溪
棠溪
东溪
（斜滩溪）
（白石溪）
（社口溪）
湖塘坂
龙溪
交溪
（下逢溪）
福安
茜洋溪
（富春溪）
穆阳
穆阳溪
廉首
宸山
穆溪
赛岐
赛江
下白石
白马港

长溪水系福安段示意图

“闽东第一山”白云山主峰

福安境内的长度分别为37千米和14千米，两源会合于湖塘坂；从湖塘坂到三江口（古称三港口）这一段是长溪的中游，称为交溪，也叫富春溪，长36千米；[①]下游从三江口起直至白马门，汇入三沙湾，这一段为赛江，又叫白马港，长32千米。穆阳溪（古称廉溪）是长溪最大的支流，境内干流长46千米，在三江口与交溪汇合。

对较大的河流来说，有总名还有阶段名。旧县志采用分段介绍方式，描述县内各段溪流的特点。但州府以上级别的志书指称整条溪河时，则用总名，如唐李吉甫《元和郡县图志》、明李贤等《大明一统志》、明何乔远《闽书》、清李拔《福宁府志》等，都使用“长溪”总名，并从整体介绍河流情状。其中成书于唐宪宗元和八年（813）的《元和郡县图志》是我国现存最早的一部全国性地方总志，迄今1200多年。清顾祖禹《读史方舆纪要》：“长溪……源出浙江庆元县界，自东北来者为东溪，自西北来者为西溪。二溪汇流为交溪，又东南流为长溪，绕流县郭，亦谓之环溪，又

① 明万历本《福安县志》称湖塘坂至长汀这一段溪流为交溪，以下到栖云潭为富春溪，再下为环溪，余下的皆以沿途地名分段名之，直到三江口。清光绪志称湖塘坂至天马山下这一段为平溪，即交溪。

赛江奔流

东南入州境达于海。远近诸溪涧水悉流合焉。”[①]20世纪80年代，作为我国地名标准化的成果之一，“长溪”被确定为标准名称，此后各级规范的出版物包括中小学课本统一采用这一名称。[②]

福安全境属长溪水系。这条福安（闽东）人的母亲河，从洪荒走来，奔流入海，永不停息。无数的长溪儿女在母亲河的哺育下创造了别具一格的地域文化，在八闽大地独领风骚。“长溪”因而成为具有特殊内涵和深妙意蕴的文化符号。

长溪文化依存于长溪流域。长溪进入福建以后，流域范围除了福安还包括寿宁、政和、周宁、柘荣等县。民国34年（1945）《福建省经济统计手册》：“长溪，寿宁至白马门150公里，坡降1/1000，落差150公尺。”[③]福安是长溪流域的主体，自然是长溪文化的核心区域。因得长溪通江达海之利，福安成为闽东内陆文化与海洋文化交汇的重要码头，从而造就了福

①〔清〕顾祖禹《读史方舆纪要》卷九十六《福建二·福宁州·福安县》。顾祖禹，明清时期地理学家。《读史方舆纪要》为兵家所重，被誉为“千古绝作”“海内奇书”，是研究中国军事史、历史地理的重要文献。

② 如1987年《福建地名词典》，1994年《宁德地区政区图》，1995年《福建省地图册》，2003年《福建省政区图》《宁德地理》（福建省初中乡土教材），2008年《宁德市政区图》等。

③ 张研、张燕京主编《民国史料丛刊·371》，大象出版社，2009年版，第54页。

安人既恋乡守土又宽容接纳，既温良敦厚又热情奔放，既乐于自给自足又敢于开拓创新的富有个性的文化性格。

二、依山傍海的锦绣家园

福安地处鹫峰山脉、太姥山脉和洞宫山脉之间，总体地势由北向南倾斜。东、西、北三面环山，南面临海；中部长溪纵贯南北，沿长溪干流两岸为平原和丘陵，向两侧依次为丘陵、低山、中山，呈阶梯状分布，形成向南开口、南北走向的狭长谷地；有甘棠洋、溪柄洋、柏柱洋、湾坞洋、溪北洋等5个小平原和盆地，在农耕时代这些地方都是富庶的粮仓，其中甘棠洋面积约3000公顷（4万多亩），是闽东最大的平原。

福安的海域由赛江（白马港）两侧（包括下游的白马港道，旧时又称为“芭蕉洋”）、盐田港西侧和鲈门港东侧的沿海边缘组成，面积151.2平方千米，占福安市总面积的8.04%。海岸线东起盐田港，西至鲈门港，蜿蜒曲折，为166千米，福安的海域滩涂面积151.2平方千米。

依山傍海的地理特征，使福安和闽东沿海各地一样，成为自给自足的世外桃源。《闽书》云：“福宁州西北依山，东南际海，鱼盐螺蛤之属不贾而足，虽荒岁不饥。”

长溪入海

有福之城

福安市的自然旅游资源非常丰富。主要有白云山风景名胜区、天马山森林公园、瓜溪刺桫椤自然保护区等，其中最著名的是白云山风景名胜区。该风景名胜区2004年被列为省级风景名胜区；2008年被批准为省级地质公园；2009年8月获国家地质公园资格，同年12月被国务院公布为第七批国家级风景名胜区；2010年10月被联合国教科文组织正式列入世界地质公园网络名录。

明万历本《福安县志》如此描述福安的地理形胜："福安闽头浙尾，四固之地。陆行非重冈叠障，则傍水临崖；舟行非曲流百折，则长江一望。近则左鹤山、右龟峤，三台、天马控其前，铜冠、扆峰卫其后，形家所谓排衙列戟莫逾于此；远则五马东骧，仙岭西镇，秦源、环溪、大梅、廉溪合襟重抱，直走于江之南，而白马门交锁织结，前志所谓三十六重是已。"①

清乾隆本《福宁府志》则称："福安西接山陬，东连海港，平衍绣错，水陆膏腴，美不胜收，煌煌乎剧邑也。"②

①〔明〕陆以载《福安县志》第一卷《舆地志·形胜》。
②〔清〕李拔《福宁府志》（乾隆二十七年编修）卷之八《建置志》。

“长溪”不仅是一个地理概念，更是一个文化符号。福建省东北部一个以“长溪”命名的富有特色的地域文化就在这里孕育、形成，发展至今。

长溪文化的基本脉络

一、长溪文化的孕育

福安的历史可以追溯到遥远的商周时代。从1958年至今，福建省文物普查队在长溪及其主要支流沿岸的小山包共发现新石器时代古人类生活聚

如坐春风

风崇仁让

落遗址80多处，采集到大量的新石器和各种陶片，这些都是早期人类的生产工具和生活用具的遗物，经科学鉴定，年代均为距今三千多年前的商周时期。

福安的古人类遗址主要有：位于福安市城北街道富春社区原酒厂后山上的富春官山遗址，位于社口镇社口村后山的社口遗址，位于上白石镇流尾村东南面后山的龙岗坪遗址，位于福安市潭头镇大庄村西北方向600米处的鲤鱼岗遗址，位于康厝乡康厝上村东北向后山的寨边山遗址，位于溪潭镇锡板村南200米处的锡坂山遗址，位于溪柄镇龙新村东面后山的后池山遗址，位于赛岐镇南安村后山的南安遗址，位于甘棠镇牛柏洋村西北面500米的上东庵山遗址，位于湾坞镇湾坞村东250米的大头岗遗址等。

以上遗址的考古资料告诉我们，长溪流域早在三四千年前就有了人类的活动，长溪先民在与大自然和谐相处的同时，凭着勤劳和智慧、勇敢和顽强，写下了文明发展史的初始篇章，孕育了日后的长溪文化。

二、长溪文化的形成

长溪流域的早期居民是闽越人。闽越族是古越族的一支，他们在海边、江边、溪边聚族而居，习惯于水上生活，在体质、生活方式和风俗习惯方面与中原华夏族有所不同。他们用木棍、树枝等搭盖寮棚栖身，而且掌握了烧陶技术，还能制造出比较精致的磨光石器，这些宝贝既是他们从事渔猎的工具，也是防身抵御的武器。闽越人有着较为高超的水上本领，经常驾着独木小舟在湍急的长溪上漂泛、猎鱼。他们还从事一些原始农业，用石器掘地下种，河边背风向阳的小山丘和比较平坦的旷野是他们最早的家园。

秦统一以后，在东南沿海设闽中郡，由闽越族自治，长溪流域自然包括其中。闽中郡的设立使福建与北方华夏族的联系得到加强。

汉朝建立以后，封闽越人首领无诸为闽越王。无诸立国后，与中央政府保持良好关系，重视农业，使社会经济得到较好的发展。中原汉族不断入闽，长溪流域与北方的联系也更加频繁。1965年在城阳的官村出土了许多西汉和王莽时期的钱币，包括“汉半两”和“五铢钱”，是早期中原汉族移民长溪流域的实证。

三国时期，孙吴开始经营闽东，在侯官县（今福州）设典船校尉，还在三沙湾内设温麻船屯，将这里作为制造海船的基地，利用北方“谪徒”和土著闽越人为造船劳工。温麻船屯的温麻港（盐田港）与长溪出海口和沿海地区水陆相连，许多北国来客从这一通道进入长溪流域，择地定居，形成聚落。这些移民给当时尚未充分开发的闽东大地带来了先进的文化知识、语言习俗、生产技术、宗教观念、生活方式等等。

晋太康三年（282），以温麻船屯为基础设立温麻县。地方政权机构的正式设立使中央政府对相关区域的管理加强，闽东海路进一步畅通，北方汉人经由海路入迁长溪中下游两岸更加频繁。考古单位曾在濒临江海的溪潭镇濑头村和溪柄镇院后村发现东晋墓葬遗址，采集到壶、碗、杯等釉陶器皿等中原生活器具，是最好的明证。

春风静宇

西晋以降，中原地区相继发生如“八

王之乱”“永嘉之乱”“安史之乱”“黄巢之乱”“靖康之变”等大规模战乱，中原世族一次又一次地掀起南迁高潮，携族入闽避乱，使大批汉族进入长溪流域。有族谱资料证实，最早落籍福安并繁衍至今的是薛姓和黄姓。梁天监年间（507—514）薛姓先祖薛贺从江左迁居廉村，为薛氏入闽始祖；隋开皇十五年（595）黄翕自建宁迁到今福安大留地方，继迁穆阳狮子岩前，最后定居坂头（今苏堤）发族。这些姓氏迁居福安都已有千余年的历史。在长期共同的社会生活中，中原汉族与闽越族不断融合，逐步形成早期的福安汉族。长溪文化在生产方式、生活习俗和语言特征等方面，有着北方汉族的鲜明印记，同时又保留了许多闽越土著的特点。

三、长溪文化的发展

历史和文化的发展是渐进的。隋唐以后长溪两岸接纳了更多的族群，形成更多元的文化，不断丰富本域文化的内涵，使长溪文化成为一个富有地方特点的文化系统。

隋唐五代的四百年，八闽大地进入一个新的开发和发展阶段，更多的北方移民入迁长溪流域。长溪两岸开发较早的村镇主要分布在沿溪沿江冲积平原和山间小盆地，今福安市的穆阳（缪洋）、苏堤（坂头）、岙里

“韩阳风景世间无，堪与王维作画图”

（罗澳里）、苏坂（苏家坂）、廉村（石矶津）、阳头（察洋）、长汀、龟龄、财洪、上白石（白石）、潭头、大叶（大箬）、詹厝（赛江）、下邳（后岐）、廉首、苏阳（苏家汰）、大留（后坡）、下白石（黄崎）等地在唐五代时已是较有规模的聚落，而且这些肯定不是当时的全部。

据万历本《福安县志》载，黄崎镇“置自唐之前”，表明隋代长溪下游的工商业有了相当的发展，并且走在闽海的前列。盛唐时，薛令之进士及第，标志着长溪文化在文教科考领域已经走在闽省的前列。中唐以后，佛教传入福安，从此佛教文化在长溪两岸播下了种子，对长溪文化产生了深远的影响。唐末王审知主持疏浚黄崎港，使长溪这个唯一的出海口成为“江海通津”。五代到北宋，是黄崎港的繁荣时期，黄崎也成为当时闽海的经济重镇。

始于北宋元丰三年（1080）的三塘（官塘、外塘、南塘）围筑工程，开启了福安先民大规模围海造田的历程。两宋之交，北方汉族南迁形成高潮，长溪流域接纳了更多的北方移民，经济社会都有更大的发展。宋朝外患不断，福安先贤赵万年、陈最、郑虎臣、谢翱等死节忠贞之士挺身护国，唱响一曲曲令历史感动的正气歌。南宋淳祐五年（1245），长溪中下游流域从长溪县分出，单独设县，命名“福安”。从此福安作为一个独立的县级行政区域，活跃在历史舞台上。

明代的福安迎来了封建经济和封建文化发展的高峰期。长溪流域以耕织经济为主要特征的农业文明超过了以往任何时期。文化教育事业的繁荣使“耕读传家”的观念成为社会的普遍共识。禅宗佛教进一步世俗化，并且和中国道教、儒学的封建伦理思想一起成为传统文化和社会习俗的重要内容。明朝中叶白银成为主要货币，福安成为闽省重要的银产地之一。文献记载，明朝弘治三年（1490）福建全省课银23178两，其中福安一邑就课银5351两[①]，约占全省的四分之一。同时畲族开始大量迁入福安，为福安山区、半山区的进一步开发做出重要贡献，极大地丰富了长溪文化的内

①〔明〕黄仲昭《八闽通志》卷二十、二十一《财赋门》。

“三贤祠”内三贤像

涵。日益严重的倭患和明政府的禁海政策使福安的濒海优势无法得到发挥，在很大程度上影响了这一片“枕山面海”、资源丰富的地域应有的发展轨迹。嘉靖十六年（1537）的盐政改革给赛江的传统造船业带来了大发展的契机，福安开始按国家标准“召商造船”，食盐不再用包袋计量，改用按统一标准制造的溪船，把运输和计量合为一体，[1]赛江造船技艺也更臻成熟。明末，天主教传入福安，福安成为福建天主教的中心，使一向唯我独尊的正统文化被迫面对域外异质文化的挑战，对长溪文化的发展产生深远的影响。

明清易代，给福安的社会历史造成剧烈的动荡。新入主的清军以屠杀立威，南明政权兵部尚书、福安进士刘中藻率畲汉义军万余奋起反抗，最后兵败，全军壮烈殉明，为长溪文化增添了忠勇悲壮的色彩。清廷统一台湾后，社会经济进入“康乾时期”，福安的封建经济和文化都发展到顶峰，也走到尽头，孕育在封建社会内部的资本主义萌芽在缓慢地发展。鸦片战争的隆隆炮火打断了中国社会正常的发展进程，五大口岸通商之后，福安也被动地接受了近代文明的洗礼。长溪下游的赛岐凭借得天独厚的港口优势迅速崛起，成为闽海的经济重镇；在“闽红”新秀坦洋工夫的带动下，赛岐港成为闽东百年海上茶叶之路的光辉起点。

长溪文化的内涵丰富多彩，在保留和传承中国传统的同时，也生机勃勃地展示出自己的“个性”，这种“个性”主要表现在农耕文化、工商文化、族群文化、儒道释文化、基督宗教文化等方面。

①〔明〕林烃等撰《福建运司志》卷七《征输志》。

长溪文化的主要内涵

一、农耕文化

农耕种植是长溪流域传统经济的主流。明万历《福安县志·风俗》："坊民擅桑麻之利，谷民擅田山之利，溪海等处擅鱼盐之利。"这里的"田山之利"即指农耕种植。长溪两岸的种植农业以粮食作物为主，稻谷最为重要。历史上福安稻谷的品种很多，明代就有早稻、晚稻、双季稻、秫稻（糯谷）等，"又有一种山稻，畲人种于山坞。"[①]

种植水稻首先要有水田，围海垦山是福安先民的"拿手好戏"，也是长溪农耕文化的重要内容。

福安是福建的围垦大县，围海造田基本上集中于福安南部。福安人围海造田的历史可以追溯到唐代，而较大规模的工程则始于北宋元丰三年（1080）甘棠洋的围垦，到了宋元之时，甘棠洋的围垦面积近达2400亩。此后历朝历代的劳动人民继续不断围垦，到明万历时期（16世纪后期），长溪下游赛江两岸共有"圩""堰""陂""塘"57处[②]，数量之多、绵延之长、拱卫水田面积之广，居闽东第一。

福安除了江河两岸围垦而成的"洋田"外，还有许多层层叠叠的山田（梯田）。南宋王十朋在《入长溪》诗作中盛赞"插稻到山顶，栽松侵日边"[③]；明天顺福安知县孟充用"水碓月中转，山田火后耘"诗句描述山区的稻作文化[④]。

明万历中期（17世纪初）甘薯传入福建后，福安各地开始普遍种植。由于甘薯耐旱高产，尤其受到山区人们的欢迎。从此"山田硗确，不任菑

①〔明〕陆以载《福安县志》第一卷《舆地志·土产》。
②〔明〕殷之辂《福宁州志》卷之二《舆地志·水利》。
③〔明〕何乔远《闽书》卷之三十一。
④〔明〕陆以载《福安县志》第九卷《杂纪志·寺观·罗汉寺》。

畲者，悉种薯蓣以佐粒食，贫民尤利赖焉”。[①]

南宋以后随着北方移民的增多，福安开始普遍种植小麦，后来成为闽东重要的产麦区。龟湖山天后宫清嘉庆七年《奉宪禁革麦照陋规》碑载：“闽省福安乃产麦之区，贩运售广，民间之食，与米谷事同一体。”麦子带动了福安面食加工业的发展，使线面、光饼、糕点等特色食品闻名遐迩，为福安的饮食文化赢得荣誉。除“民间之食”外，福安小麦更多的是行销福州等地，这个传统延续到民国时期。

旧时普通百姓多穿用苎麻织成的衣物，苎麻织成品的社会需求量非常大，因此产生了苎麻的种植业和加工纺织业。明代知县孟充还有“百里桑麻雨露余”[②]的诗句，描写当时福安种植桑麻的情景。由于土质和气候的原因，福安产的苎麻布尤为优质。清乾隆府志称福安“男务耕耘，女勤纂织，故夏布之属以福安为上”。[③]

与苎麻业关系甚大的是蓝靛业。蓝靛也叫蓝、蓼蓝，这是一种可以提取蓝色染料（靛青、靛蓝）的草本植物，宋代福建就大量种植。明代以后由于东南沿海纺织业的发展，更使“福建菁”名闻华夏。万历县志将靛、茶、丝、苎、麻等列为“货类”，说明当时这些土产都作为福安的出口（出售邑外）商品。清代闽东生产的靛菁除为本地苎布着色外，大多销往江浙。种菁种苎之利数倍于种粮，不少乡民因而致富。近代以后，洋布洋靛充斥，种苎和种靛业走向败落。

福安是产茶大县、全国著名的茶乡，种茶、制茶、品茶、卖茶在福安有着悠久的历史，也衍生出富有地域特色的茶文化。福安茶文化同时是长溪文化的重要内容，尤其是创制于晚清咸丰年间的坦洋工夫红茶，作为“闽红”的重要成员，其影响力远超福安一邑，涵盖整个长溪流域。

福安还是产糖名区，明万历本《福安县志》叙“土产”时就有产糖的记载。民国后福安人生产的红板糖，很受外郡人的欢迎。福安下半县广植

①〔清〕张景祁《福安县志》卷之七《物产》。

②〔明〕陆以载《福安县志》第一卷《舆地志・风俗》。

③〔清〕李拔《福宁府志》卷之十四下《风俗》。

糖蔗（俗称“竹蔗”），此作物含糖量高，是制糖的最佳原料。历史上福安的糖业与茶业同为地方经济的重要支柱。

二、工商文化

古代工商市镇

工商文化在福安有着悠久的历史。1965年在城阳官村出土的西汉和王莽时期的钱币告诉我们，两千多年前韩阳坂的秦溪畔就已经有人居住，而且社会经济已经达到使用钱币进行商品交换的水平。

唐之前，长溪下游出海口的工商业就已发展到相当程度，封建官府在黄崎设镇管理工商。入唐以后，官府进一步在黄崎镇设税课场，管理榷务。[①]唐昭宗光化元年（898），王审知组织疏凿黄崎港道以后，这里成为“闽越之境、江海通津”，经济地位也得到空前的提升。到了宋代，黄崎和福州的闽安、福清的海口、古田的水口一道，成为福州的四大名镇之一[②]，并对闽东内陆的社会经济发生重要的影响。万历年间，黄崎“镇多人烟，有城堡”[③]。黄崎不但是繁荣的市镇，还是一个军事要塞。

古代穆阳溪两岸是长溪流域工商经济的发达地区，富溪津和穆阳两个市镇尤为重要。黄崎镇对这两个市镇的影响很大，整个长溪上游的“鱼盐之货”皆来源于黄崎。富溪津市在廉村，旧名石矶津，离黄崎较近因而较之穆阳更为繁荣；史志上称“鱼盐之货丛集，贩运本县，上通建宁”。官府曾在这里设巡栏，明中叶“设官牙，以平贸易”，负责管理市场、维持商业秩序，使“商贩两便，而异郡豪猾一切屏逐，而不令窜名其中”。穆阳市在富溪津上游，是福安西部的重要墟市，同时是闽北和浙西南的物资集散地和中转站。“盐货从富溪津过者居积于此，盖廉溪之上游亦泰顺、寿宁、政和、松溪、浦城之喉舌也”。[④]穆阳不论在商业还是在交通方面

①〔明〕陆以载《福安县志》第二卷《营缮志·署宇》。

②〔宋〕梁克家《三山志》卷九《公廨类三·诸县镇务》。

③〔明〕王应山《闽都记》卷之三十三《郡东北福宁胜迹》。

④ 以上引文均出自〔明〕陆以载《福安县志》第一卷《舆地志·镇市》。

都堪称福安西部的枢纽。黄崎、富溪津和穆阳并称为古代福安的三大市镇。以上市镇在唐代就已存在。

福安建县以后，韩阳、察阳（阳头）和白沙发展成为长溪中游交溪的重要市镇。白沙与富溪津有了明确的分工，通往建宁的鱼盐之货从富溪津（廉溪）走，运往县城及东西溪上游的从白沙走，万历《福安县志·镇市》：“建民宜于富溪，而县贩宜于白沙。”白沙带动了察阳（阳头）的繁荣，由于地理的原因，察阳码头成为县城韩阳和福安上半县的物质转运中心。

随着经济社会的发展，长溪沿岸的市镇也越来越多。乾隆中期（18世纪后期），一批作为区域商品经济中心的市镇出现在长溪及其主要支流的沿岸地区，除了黄崎、富溪津（廉村）、穆阳、韩阳、察阳（阳头）外，较大的市镇还有白沙、溪柄、社口、潭头、沙坑、甘棠、苏阳等。[①]

福安的工商经济进一步发展，商人阶层不断壮大，进而形成商帮。乾隆年间，福安商帮在福州设立会馆，作为福安商人在省城的议事、联络的据点。福安商帮从长溪各码头将土特产装上船，沿赛江出白马门，或上宁波、温州，或下省城福州，转手后再采购回乡亲们需求的商品。一些劳动力比较密集的行业如制茶业、造船业等出现了雇工现象，孕育了近代工商经济的萌芽。

近代工商经济

近代福安乡亲的“本末”观念有了很大的改变，重商意识大为提升。福州口岸开放之后，赛岐凭着自己的天然优势迅速崛起，19世纪后期，一跃成为闽省东北部的商贸重镇。晚清的福安街市增加了6个新成员：赛江（赛岐）、苏堤、洪口、龟龄、坦洋、上白石。全县主要市镇达24个。

虽然广大农村依然是小农经济的汪洋大海，依然延续着自给自足的自然经济状态，但以交换为主要目的的经济作物的经营超过了以往任何时期。清光绪三十一年（1905）编修的《福安乡土志》对“本境出口之大

①〔清〕李拔《福宁府志》（乾隆二十七年编修）卷之八《建置志·福安乡都·市集》。

宗”有清楚的记述。[①]

在近代工商经济中，最重要的是茶业。坦洋因得坦洋工夫之利以茶市闻名，该村镇“产茶美且多，有武夷之风，外邦称为‘小武夷’”[②]。1934年，福安“茶叶产量达5.1万担，占全省茶叶产量的21.7%，居于全省第一位。茶叶产值达大洋178万元”。这一时段全县共有茶庄数十成百家，遍布县内各主要茶乡。抗战胜利以后，福安茶业逐步恢复。1948年全县有茶厂、茶号82家，茶叶总产量约1.5万担，红茶主要用于外贸，绿茶（包括花香茶）主要供应国内市场。

福安和周边各山县产制的外销红茶从四面八方涌至赛岐码头，赛岐成为闽东海上茶叶之路最重要的起点，独领风骚一百年。长盛不衰的茶叶转运业务和空前发达的航运业极大地促进了赛岐的繁荣，使赛岐镇的工商业大放异彩。20世纪30年代，赛岐码头商贾云集，舟楫如林，“闽东各地货物，多由此进出，商业之盛，俨如大邑。”[③]

除了茶叶，民国时期福安的一些与传统土特产品相关的工商经济也很值得称道，尤其是制糖业。1921年“福安县约有30家工厂生产红糖”。红糖是福安县主要的出口（出售邑外）物资之一。1942年福安县年出口糖二万五千余担（1250吨）。“农产品出口物资茶居首位，糖出口位居第二”。[④]

在福安的众多市镇中，韩阳、赛岐和穆阳三镇最为重要，至今仍被称为“老三镇”。该三镇鼎足而立，分别是福安中部、西部和南部的经济中心，这些市镇的经济影响力还辐射到周边县区。

据民国文献载，1933年福安“全县商店总数达1200家，不可谓不盛矣”。其中县城有商店200余家、钱庄20余家，商店之种类以布店、咸鱼店为最多，杂货店次之，粮食店又次之，其他商店如药店、书坊及各种工

①〔清〕周祖颐《福安乡土志》卷之二《物产部·商务门》。
② 清光绪《福安县志》卷之四。
③《福建之茶》，福建省政府统计处，民国30年。
④ 民国31年《福建省各县农业概况》。

艺店如制面、制香、铁店、铜店、木器店、竹店等俱备。此外，下白石有60家商店，穆阳、上白石、溪柄、阳头等地“其商店皆各达百家以上”，“重要市集首推赛岐，全县出入之货均集散于此，全市商店达130余家，批发号有六家，规模之大，远在县城之上”。[①]

三、族群文化

汉民

福安市现有总人口中汉族占88.4%。福安汉族的历史悠久，构成多元。人口普查资料显示，福安汉族的族姓近400个，这些汉姓的“根”均在我国北方地区；其中万人以上的有陈、林、郑、王、刘、黄、吴、张、李、缪、郭、阮等12个，约占汉族总人口的70%。这些姓氏大部分是在唐、五代、宋时迁居长溪流域，其中以12世纪两宋交接时期最为集中，以这些大姓巨族为中心，形成以血缘聚居为基本特征的村落。在家族耕读文化的氛围中，从盛唐至晚清，福安有59个族姓共计1000多人次获得各种官方认定的名分。这些传统社会的精英基本上是汉族，主要分布在几个较大的宗族。他们往往结为姻亲，彼此关系盘根错节，形成士绅阶层，与官府共享政治资源，对地方的政治、经济、文化都有着重要的影响力。

“天下第一团”

此外宗族文化也

① 张研、孙燕京主编《民国史料丛刊》第371册（民国22年交通部业务司调查科《京粤线福建段沿海内地工商业物产交通述要》），大象出版社，2009年，第261页。

是民俗文化的一个重要方面，修谱、建祠、祭祖等是宗族文化中的重要内容。福安汉族很重视修谱，一般每隔25—30年就要进行续修。作为宗谱主体的世系图表，详细记录本族本宗全部男丁的基本情况，明确世系，保存历史，通过宗谱的不间断续修，留驻了族姓的演变、迁徙和本支本宗的繁衍分派情况；同时还通过宗谱传承的祖训、家规、家法、家训等训诫性文字，用儒家伦理约束和教化族人，以期社会和宗族的长治久安。

畲民

福安是闽浙一带畲族最早入迁的地区之一，唐末五代时期就有畲民迁入福安定居。畲族大量入迁福安是在明中叶以后，福安当今最具影响的“大林钟”“后门坪雷”和“溪塔蓝”分别于明朝的景泰年间（1450—1456）、成化二年（1466）和万历十六年（1588）迁入。明清交替时期，社会动荡加剧，清政府的“迁界”“复界”政策使已经移居闽东、浙南的部分畲民又经历一次变动，并且形成一批滨海畲村。清乾隆后期（18世纪后期），畲族的迁徙活动基本上结束，福安（闽东）畲族的总体分布也基本上定型。

畲族人口的分布具有“大分散小聚居”的特点，福安西部和南部的山区、半山区是畲族主要聚居的地方。19世纪末，全县“各都畲民村居”共有209个①。民国26年（1937）《福建省统计年鉴》首次统计福安县有畲族2000户8400人。1953年第一次人口普查，福安县有畲族3万多人，占全县总人口的11.8%和全省畲族人口的31.9%。福安畲族由雷、钟、蓝、吴、杨五姓构成，雷姓最多，其次是钟姓和蓝姓；雷、钟、蓝三主姓超过福安畲族总人口的95%。福安现有畲族人口7.2万，约占全市总人口的11%、闽东畲族总人口的37.4%、全国畲族总人口的10.5%，是我国畲族人口最多的县级行政区。

畲族入迁福安后，告别往日的游耕，开始定居的农耕生活。在长期的历史过程中，在生产生活的各个方面与汉族深度融合，同时结合传统形

①〔清〕张景祁《福安县志》卷之三《疆域》。

福安畲族文化中心

成富有本民族特色的文化。畲族社区的经济活动和社会习俗与周边汉族大致相同，都是自给自足的农业经济和与之相适应的农耕文化。畲汉虽然同俗，但又不失自我，畲话、歌言、婚俗、凤凰女装等具有鲜明的民族文化特征。

疍民

疍民由于已长期融入于汉族，因而被认定是汉族的一个民系。福安疍民主要分布在长溪上下游沿溪、沿江和沿海的水域滩涂，民间一般称之为船民、渔民、船人，“曲蹄”是对他们的蔑称。除了与各地疍民一样“以船为屋，以水为田”之外，福安疍民也形成了许多富有区域特点的生活习俗和文化。

疍民的来历多源，学界一般认为，福建东北部地区的疍民最早应源于汉魏时期的福建土著闽越人。闽东疍民的历史可以说就是闽越人与汉族相融合的过程。古时候的长溪水域，只要是可以行船的地方都有疍民的活动。宋代以后，官府开始对疍民进行有效管理。明代地方官府还调用疍民船只，以为土兵，协助海防。[1]清雍正七年（1729）清廷为了缓和社会矛盾，允许疍民上岸居住、耕作，与齐民（平民）同等看待。清乾隆二十二年（1757），清政府将各地沿海内河的“商渔船只”“渔船网户”和“水次搭棚趁食之民”全部归入当地保甲编制[2]，疍民成为皇朝的正式子民。表面上疍民与陆上居民地位是平等的，实际上疍民的地位十分低下，除承担官府的船税渔课外，还受到种种歧视和盘剥。

赛江乌山尾妈祖庙（人称“曲蹄宫”）有一面清道光六年（1826）的涉疍碑刻，是研究福安疍民历史的重要文物。据此可知，清代赛江水域疍户船民有翁、刘、郑、连等姓，均从福州的闽清方向迁来，肇迁时间至迟在清初。赛岐、田坂、浮溪、顶头、田坪、濑屿、淡湾、徐家塘、白石、白马门等“下都”（下半区）村镇的江河是他们主要的活动水域。

19世纪40年代以后，在近代浪潮的冲击下，闽东港口经济空前繁荣。近代轮船逐渐代替传统木船，疍民出现贫富分化，但大多数疍民仍然只能继续旧日的营生。随着时代的进步，疍民陆居逐渐普遍化，传统的内婚制自然瓦解，同姓同宗的疍民还开始修纂族谱、鼎建祠堂。这些都标志着疍民“汉化”进程的最后完成。[3]

由于疍民与畲民的生产生活都有些“与众不同”，汉族民间有“在山为畲，在水为疍”的说法。疍民的语言（主要是语词）、服饰、住所、婚俗等都有自己的特点。福安疍民心目中最重要的神灵是妈祖（原名林默，疍民称为“妈祖婆”或“阿婆”），甘棠乌山尾的妈祖庙是福安唯一的疍民宫庙；除主祀妈祖外，还配祀上八塔夫人、下八塔夫人、金家塘金家明皇、李家塘李家明皇、水母娘娘等船家疍户特有神祇。渔歌船谣是疍民最主要的民间文学形式，其中赛江渔歌《一粒橄榄》负有盛名，它有相对固定的起兴格式，可以随情随景，临时填词吟唱，是一项珍贵的非物质文化遗产。

---

①〔明〕陆以载《福安县志》第三卷《兵食志·武弁》。

②《清史稿》卷一二〇《食货一·户口·田制》。

③ 李健民《闽东疍民的由来与变迁》，《宁德师专学报》（哲社版）2009年第4期。

四、儒道释文化

儒家文化

儒家文化是长溪文化的一个重要组成部分。从唐代开闽第一进士薛令之潜心攻读的灵谷草堂到名家辈出的历代书院，从南宋开县首创的县学到清代遍及城乡的书馆私塾，再到民国时期的新式学校，儒家文化之火在福安薪传不熄。“佛说万理俱空，吾儒说万理俱实”[①]，儒学以积极的“入世”之实自觉区别于道、释的“出世”之空，在知识分子群体中有着深刻的影响。南宋以后，由于朱熹及其门人的推动，儒学进一步深入人心。明朝知县孟充的《风俗诗》有“醉踏甘棠桥上月，家家灯火夜攻书”句，描述福安人勤奋读书的民风习俗。儒家思想的传承和浸润使得“城以内衣冠辈出，外此则阳头、穆阳、苏阳、秦溪、廉溪、三塘文物称是”。[②]随着儒家思想的广泛流播，兴养立教、耕读传家和尊师求道、爱智向真的观念深入人心，哪怕是在穷乡僻壤、海角山陬，也可以感受到儒家文化的影响。

福安建县伊始，知县郑黼就创立县学讲堂；不久（淳祐八年，1248）知县林子勋将讲堂与孔庙同设一处，建为学宫。从此县学成为传播儒学的大本营。加上历代设办的许多包括书院、私塾、社学、义学等教育机构，公立与私创相结合，共同组成一个庞大的封建教育体系，使“天地君亲师”的观念深入城乡的各个阶层。

耕读文化给古代福安带来了丰厚的回报。从公元706年薛令之进士及第到1905年清政府废除科举制度，1200年间福安士人约有900人次通过科考获得各种功名，其中进士94人（唐1人，宋76人，明7人，清10人），约占全部功名的十分之一。

福安士人中名贤辈出。其中有清正廉洁的唐代开闽第一进士薛令之，有“明春秋大义、为天下除奸”的南宋义士郑虎臣，有不忘故国的南宋爱国诗人谢翱，他们被并称为“福安三贤”，事迹永载史志，成为后世士

①《朱子语类》卷十七。

②〔清〕张景祁《福安县志》卷之十五《风俗》。

人的榜样。还有南宋朱门弟子阳头黄幹、杨岙杨复、大留张泳、廉村陈骏，他们的道德文章是古代儒学的圭臬，被誉为“理学正宗”。清光绪十年（1884），福安知县张景祁赞曰：“安邑虽僻处一隅，而山川神秀，代生伟人……补阙（薛令之）之贞廉，监押（郑虎臣）之忠勇，参军（谢翱）之节烈，信斋（杨复）、墨庄（张泳）之理学，足与日月争光。”①

福安士人读书求道，淡泊守志，富有爱国爱乡情怀。每当国家和民族到了紧要关头，必有忠贞死节之士挺身而出，像赵万年、陈最、郑虎臣、谢翱、林九弟、黄钏、刘中藻等就是他们的代表。其中谢翱、黄钏、刘中藻等原本文士，国难当头，他们也披挂上阵，视死如归。他们中的许多人身份并不高，但“位卑未敢忘忧国”，对国家和民族忠贞不贰。

儒家文化对福安地域文化的各个方面都有很深的影响。特别是儒家文化中重视道德教育和品格培养，重视从人心的治理出发、从根本上解决社会问题的思想，对维护社会的安定有积极意义。但是与此同时，旧儒学也阻碍了人们科学思维能力的发展，并且积极参与封建子民心态的打造；而三纲五常的绝对伦理观念，严重制约了人文思想的健康成长。封建专制时代，福安一邑共有一千多名妇女被旧礼教剥夺了青春甚至生命，“光荣”地成为“贞孝节烈”的殉葬品。②

民国以后，随着社会的进步，制度性的旧儒学逐渐消亡而精神性的新儒学得以重生。民国初期各校课程仍有尊孔读经内容。创始于民国13年（1924）的县立扆山中学是福安的第一所中等学校，学校在传播新思想、新知识的同时也是传承中华道统的重要基地。扆山中学于民国22年（1933）改名福安县立初级中学。民国中期以后福安的新式教育特别是中等教育和职业教育有很大的发展，除了县立初级中学，还有闽省第一所茶业职业学校（始于1934年）、省立初级农业职业学校（始于1935年）；

①〔清〕张景祁《重修〈福安县志〉序》。张景祁，浙江钱塘人，同治进士、翰林院庶吉士、国史馆协修、武英殿协修。光绪三年至五年（1877—1897）署福安知县，光绪八年回署。主修《福安县志》，著有《新蘅词》等。

②〔清〕张景祁《福安县志》卷之二十七《人物志·列女》。

全面抗战后有三都福安联合中学（始于1938年）、省立福安国民师范学校（始于1940年）、省立高级农业职业学校（始于1944年）等，这许多学校都是当时追求进步、崇尚科学、渴望知识的闽东青年争相向往的求学胜地，福安也因此成为闽东的教育中心。

道释文化

福安民间普遍佛道同信，既拜如来观音又敬老君玉皇，根据祈求需要，时道时佛，亦道亦佛，佛道相杂，真正意义上的道徒和佛教徒并没有很多。

福安民间的每月朔望焚香习俗最能说明问题。焚香敬拜的是中堂两侧上方的神龛，左边是“天地神祇”，右边是“历代宗亲”。“天地神祇”榜上常细列各位尊神的名号，有佛教菩萨，有道教诸神，有民间俗神和当境土主，观音菩萨常居首席。

福安的道教可分为全真道（龙门派）和正一道两类。全真道道士要履行入道仪式，居住丛林，素食，道装，独身；男称乾道，女称坤道或道姑、女冠。对那些拜师学道只为自身修炼，并不从事宗教活动的人，称之为居士。闾山派是福安最古老的道教派别，自从建县之初就有关于他们的记述，一般把它看作是正一道的一个派别。正一道徒不出家，常在家设坛，从事一些驱魔赶鬼之类的宗教服务；平时与常人相同，只有在做法事时才穿上道服。福安民间将正一派道士分为文科、武科。文科为乌头道士，称为道师，一般是茅山派系，主要是为死者超度；武科指闾山派，是红头道士，称为师公、尫师（巫师），主要从事斋醮祈雨、设坛驱鬼等，同时也为“殇死鬼”（非正常死亡者）“拔殇”（超度）。

福安的民间信仰历史悠久，崇拜对象宽泛而且杂乱。史志上反复述及福安“习尚鬼巫”（如清乾隆《福宁府志》卷之十四下），所谓“鬼巫”即民间信仰的神灵。据清光绪《福安县志》载，福安供祀民间俗神的宫、祠、庙有128处，假如算上官方主祭的坛、祠、庙和各族姓宗祠，真可谓“蔚为大观”。而且事实上还远不止这些。

福安佛教历史悠久，唐朝中叶（8世纪前期）佛教正式传入福安，迄今已有千余年。[1]福安佛教为禅宗之临济、曹洞二门，亦兼修净土。随着佛教影响的不断扩大，特别是净土宗传修使佛教进一步世俗化，南宋以后，福安民间逐渐形成以儒、道、释为基本内容的社会风俗。明万历县志载："民间事佛惟谨……非读书家率以浮屠治丧，殡殓日召僧代鼓，治酒延宾，甚至停棺火葬；以修斋建醮，参礼血盘为孝，而祭典几阙矣。"[2]崇佛成为民间的重要习俗。

五、基督宗教文化

天主教

天主教于明末正式传入福安。作为相对于中国文化的西方异质文化，天主教从登上闽东大陆之时起，就与传统文化发生了强烈的碰撞。福安是福建省天主教的早期中心，并且对中国天主教历史发生影响。发生在天主教内部、曾经影响东西历史的"中国礼仪之争"发端于福安，中国天主教第一位神父、主教罗文藻和第一位守贞女陈子东都是福安人，清代雍正、乾隆、嘉庆、道光四朝禁教期间被称为"乾隆朝第一教案"的白主教案发生在福安，福建省第一所培养本土传教人才的圣十字修院创办于福安。福安后来又设办了多所修院和神学院，培养了大批本土宗教人才，因而有"福安出神父"之说。

知识分子教徒对天主教在福安的传播、发展和教会文化建设起了重要的作用。这些教徒利用在宗族中的影响力，配合西教士建立起以宗族为中心的乡村教会和具有天主教色彩的宗族文化。尽管官府曾多次发动清教，但始终无法阻止天主教的传播。乾隆二十四年（1759）福宁知府李拔称：福安天主教"男女倾心，子衿不免。乾隆十年以来，屡犯大辟，顽钝如故"。[3]

① 李健民《品读福安》，云南大学出版社，2011年版，第197页。

②〔明〕陆以载《福安县志》第一卷《舆地志·风俗》。

③〔清〕李拔《福宁府志》卷十四下《学校志·风俗》。子衿，指读书人。《诗·郑风·子衿》有"青青子衿，悠悠我心"句。毛传："青衿，青领也。学子之所服。"后因称学子、生员为"子衿"。

近代天主教弛禁后，福安天主教进入加速发展时期。1919年后，天主教采取“中国化”措施，发展慈善事业，扩大社会影响，进一步向纵深发展。1939年，罗马教廷宣布撤销关于中国礼仪的禁令，消除了长期困扰教徒的良心上的疑惧和不安，使天主教进一步“中国化”，作为礼仪之争发端的福安在这方面表现得尤为明显。从此以后福安天主教与地方习俗文化进一步融合，天主教与本土文化由不相适应到基本适应，由“水土不服”到和平共处，全县天主教人口约占福安总人口的9.3%。天主教文化成为福安地域文化的组成部分，成为长溪文化的一个正式成员。

基督教（耶稣教）

清末光绪年间，基督教（耶稣教）传入福安，相较天主教晚了二百多年。

福安基督教主要是通过传播西医和发展新式教育来扩大教会影响和进行传教活动的，因此基督教在知识阶层有着较大的影响力。

光绪三十四年（1908），英国圣公会差派女传道士到福安办教育，并协助牧师传教。英籍牧师在城关开设福安县第一个西医诊所，一面行医一面布道。是年福安教会在县城创办“育淑妇女学校”，吸收家庭妇女入学，首创开设新式文化和实用技术教育。此后基督教的办学规模不断扩大，1914年在湖山开办“陶清女子学校”；1919年陶清女校增设高小班，同时创办福安第一所幼稚班；1927年学校又增设初中班；1929年改名“陶清小学”，男女同学，成为一所正规的新式学校。陶清小学一直延续到1939年，在当时的福安有较大的影响。

福安最早的西医和助产士多出自基督教会设办的医卫机构。1946年，基督教会还利用战后国际救济署分配的部分药品和医疗器械，创办福安圣教医院，是为福安第一所正规的西医院。圣教医院客观上对福安的医疗卫生事业尤其是西医的发展起了积极作用，并为中华人民共和国成立以后福安县的医疗卫生事业提供了基础。

长溪文化的非遗保护

中华优秀传统文化是涵养文化自信的沃土，是中华民族的“根”和“魂”，也是增进文化自信和价值认同的重要来源和丰厚滋养。

如果说中华文化是一棵参天大树，那么地域文化就是树上的枝叶。我们对自己的一枝一叶同样珍爱。那古旧的老屋、袅袅的炊烟、漫漫的古道，还有那些通过口头或动作方式传承至今的习俗和技艺，都让我们倍觉亲切，有一些迄今仍与我们朝夕相处。民国时期有一首《福建物产歌》①，其中有“福安镂银技术高，茶有乌龙与白毫”一句。这里的乌龙当是乌茶即红茶（因干品外观乌黑，故称），白毫即白茶；其产制技术和镂银工艺一道，都属于我们今天珍贵的非物质文化遗产。

我国的文化遗产体系总体上和国际同步，即奉行“物质与非物质”的框架，但在实践中绝大多数遗产是一个无法拆解的整体，其物质与非物质性相互依存，很难截然分开。我国现行的《非物质文化遗产法》（2011年6月1日起施行）规定，非物质文化遗产是指各族人民世代相传并视为其文化遗产组成部分的各种传统文化表现形式，以及与传统文化表现形式相关的实物和场所。包括：（一）传统口头文学以及作为其载体的语言；（二）传统美术、书法、音乐、舞蹈、戏剧、曲艺和杂技；（三）传统技艺、医药和历法；（四）传统礼仪、节庆等民俗；（五）传统体育和游艺；（六）其他非物质文化遗产。

从2005年以来，福安市积极推进非物质文化遗产的保护工作，并取得丰硕的成果。目前共有非物质文化遗产代表性项目53项，其中国家级3项、福建省级11项、宁德市级15项、福安市级24项。具体名录如下（以公布时间为序）。

国家级　畲族银器制作技艺，福安平讲戏，坦洋工夫茶制作技艺。

① 徐天胎编著《福建民国史稿》（福建省文史研究馆整理），福建人民出版社，2009年版，第419页。

坦洋工夫制作技艺在国家文化与旅游部恭王府博物馆展示

以坦洋工夫茶为代表的中国红茶制作技艺及其相关习俗，2022年11月被联合国教科文组织列入人类非物质文化遗产代表作名录。

福建省级　畲族奶娘催罡巫舞，畲族三月三节俗，根雕技艺，畲族医药，金斗洋畲族拳，畲族乌饭制作技艺，闽东畲族婚俗，官埔油扇制作技艺，福安评话，闽东畲族传统服饰制作技艺，福建红糖制作技艺。

宁德市级　畲族宝塔茶礼俗，畲族佳期酒礼俗，书画装裱修复技艺，畲族二月二会亲节，木质帆船制造技艺，布袋戏，线面制作技艺，“啰哩嗹”信俗舞蹈，光饼制作技艺，锡器锻制技艺，银器锻制技艺，畲族苎麻手工织布技艺，畲族白曲（籼）制作技艺，闾山信俗，田公元帅信俗。

福安市（县）级　芹洋百年刺绣工艺，闽东芙蓉李干制作技艺，畲家营粽制作技艺，洋西竹火笼编制技艺，畲族糍粑制作技艺，穆阳油纸伞制作技艺，徐江火树敬祖节，畲族银饰锻制技艺；2023年1月5日，经福安市人民政府批准，又新增16个市级项目，即：福安乔迁习俗，福安婚庆习俗，喜娘习俗，五显大帝习俗，南岩侯缪二仙习俗，传统建筑营造技艺，畲族土墙制作技艺，草鞋编织技艺，畲族彩带编织技艺，韩阳孙氏青草油制作技艺，中秋饼（礼饼）制作技艺，茉莉花茶制作技艺，白茶制作技艺，泥塑制作技艺，闽派灰雕技艺，福安金器制作技艺。

以上项目中级别较高的大都经历过自下而上的逐级申报，在不同批次的遴选中得以提升。如“畲族银饰锻制技艺”项目，2005年列入福建省首批非物质文化遗产保护名录，2009年列入国家级非物质文化遗产保护名录；“官埔油扇制作技艺”项目，2015年列入福安市（县）级名录，2018年列入宁德市级名录，2021年列入福建省级非物质文化遗产保护名录；“闽东畲族传统服饰制作技艺”“福安评话”“红糖制作技艺”等三个项目，2017年列入福安市（县）级名录，2018年列入宁德市级名录，2021年列入福建省级非物质文化遗产保护名录。所以说，非遗申报是一个动态的过程。

还有一些类别的项目在福安市目前尚处于暂时“休眠”的状态。如传统口头文学，福安有许多流传已久的长篇叙事诗，畲族、汉族都有，还有赛江的渔歌船谣等，有待于挖掘、整理、申报。还有一些项目，因为多种原因没有申报到应有的级别，如传统木质帆船制造技艺。这里有必要为木船制造多说几句。福安自古以来就是福建东北部的船舶修造基地，明朝成化五年（1469）福建副使何乔新在《福安书事》一诗中这样描述福安江海的船舶：“危樯巨舶昼纵横，海上时闻鼓角鸣。”明嘉靖十六年（1537）官府在福安黄崎设立盐运分司，率闽省之先召商建造规格统一的盐船。明万历《福建运司志》：“福宁州福安县黄崎镇地方，路通海洋，皆行盐之地，盐法不及……准于黄崎镇建立分司，召商造船，给引支盐。其船限以梁头阔二丈五尺，长七丈，深八尺五寸，装正余盐一百五十引，名为全引。”[①]可见古时候赛江的造船业是何等的风光，近现代这里是福建省重要的船舶修造基地之一，直至今日，赛江上游的沙岩村依然有船舶修造厂在坚持建造传统木质船。

这本《长溪文脉——福安非物质文化遗产集萃》对2005—2022年公布的37个非遗项目进行比较充分的叙述。我们的着眼点是项目本身，即从文化视野叙述非遗项目，主要关注相关项目的历史背景、沿革变迁、文化事

①〔明〕何乔新《椒丘文集·福安书事》；〔明〕林烃等《福建运司志·征输志》。转引自李健民《闽海赛江》，海峡书局，2015年版，第195、197页。

茗山碧海

象、地方特点等等。为了方便阅读，在编写过程中，将项目重新进行归并，组成“习俗风情”“戏剧与曲艺”“传统技艺”“食品加工”“节庆信俗”五卷，每卷若干篇。本书“附录一”包括《福安市非物质文化遗产代表性项目名录》和《福安市非物质文化遗产项目代表性传承人名单》，展示各非物质文化遗产的项目名称、项目类别、公布批次、保护单位、保护级别，以及传承人等；“附录二”是福安市人民政府于2023年1月5日公布的《福安市第四批市级非物质文化遗产代表性项目名录》及其简介。

希望这本书，对读者进一步了解福安的文化“家当”、提升非遗的保护意识有所帮助，让非遗之光照亮美好生活，涵养出更深厚的文化自信。

中华民族是一个古老的民族，但也应该是一个洋溢着青春热血的民族。不是所有的传统都是精华。我们在审视传统文化的同时，应该本着“取其精华，去其糟粕”的基本原则，守正创新，在对非遗项目进行活态保护的同时，能够更加积极地弘扬它的当代价值，让中华文化绽放出新的时代光彩。

卷一　习俗风情

畲族婚俗

雷瑞华

畲家婚嫁是最能体现民族特点的习俗。畲族婚姻比较自由，他们在劳作、出行、节日、婚礼等公开场合相认识，并往往以歌传情，以歌为媒，表达各自的心迹；但由于长期受封建礼教的影响，传统婚姻还是离不开“父母之命，媒妁之言”，虽各地婚俗略有差异，但大体还是围绕定亲、迎娶、成婚的主要环节展开的。

一、定亲

1. 求庚、合“八字”

畲族婚姻有的父母包办、媒人接头，也有的青年男女通过“对歌”等社交活动认识之后，再通过父母或明或暗地了解对方的相貌才能和思想品德行为，认为合适后才托媒人，向女方父母索取姑娘的“生辰八字”。

男方要把姑娘的“八字”进行“合婚”，认为“有合”时，就向女家“递小帖”，即小定，有的地方称为“拿软帖”。

2. 搭定

“搭定”即订婚，时间多在农历八月，一般用猪腿1个、龙凤纸贴2张、红衣线2束、果子（红枣或桂圆、冰糖）2包。另加红线缚头的线面2斤、银元2块或银镯1副、衣裤鞋袜2套，用红布袋裹着的礼盒挑到女家。意为男方用红线来系姑娘的脚，并祝“早圆”（枣、桂圆）。“搭

礼别娘家祖先

定”即公布消息，他人不便再求婚，这时姑娘平时两鬓夹有的银笄，要脱掉一边，表示已经订婚。此后，男女双方便以亲戚往来，两家互以亲家相称。

3. 送日子

畲族结婚前数月，男家请五行先生择定结婚的吉日良辰。并挑着以红布袋套住的装着事前约定的聘礼的礼盒，内放红纸帖装的日子单等。各物数量取双喜临门之吉，送到女家，告知嫁娶日期。女方收下红纸帖及一半礼品。按其日子，请师傅到家里来裁衣、做家具等嫁妆；男家也按其日子，进行砌新灶，布置洞房，准备迎亲。

4. “做表姐”

姑娘在出嫁前，母舅姨姑都要请她“做表姐”。“表姐”打扮得漂漂亮亮，一到表弟家，当晚就有“表弟”来同她对歌。实际上是母舅们对她在当姑娘时代学歌成绩的一次检阅。

二、迎娶

1. 难为迎亲伯

畲族完婚的前两天，男方必须选择一位能歌善唱的男子，全权代表男方，俗称“亲家伯”或“迎亲伯”。迎亲伯挑上猪肉、禽蛋等聘礼，前往女家接亲。女家见亲家伯来，开大门鸣炮接人，亲家嫂会在让座、敬烟、称肉蛋、喝宝塔茶、盘歌等环节上刁难他，如果不懂谦让或不知礼法，就会受到女伴们的奚落和取笑。

2.“请”祖公

畲族姑娘在出嫁的前夜，要在厅堂上摆起香案，摆上茶、酒、五菜、三牲，包括鱼、猪肉、鸡、福礼，请祖公神。由女长辈扶姑娘在香案前向祖公牌行礼，祈求祖公神保佑她出嫁及婚后心情舒畅、如意吉祥。

3. 哭嫁

畲族姑娘出嫁不论愿意与否，在出嫁前两三天都要“赖床”，很少吃喝，并以歌代言，哭诉与爹娘等亲人分手的衷情，以示对娘家的留恋，为娘家讨吉利，这样，才不致被人取笑。如《哭哥嫂》：

一年三百六十天，日日与你同出门。
哥嫂做甚不留我，留我一天当十天。

哥嫂劝慰道：

姐妹大时人叫行，我那留你也不成。
哥嫂送你出门外，心肝忖痛口难张。

4. 梳妆

男方迎亲花轿进入女家厅堂时，新娘就大哭大闹，佯装不愿出嫁，谁人替她梳妆，也不顺从。遇见姑母，就对姑母哭诉衷情；遇见母舅，就扑在母舅怀里，边哭边歌边拥抱。她们有说不完的贴心话，哭不尽的惜别情。到午后，轿夫及媒人再次催她上轿时，才开始梳妆。当大伙要将她的姑娘发式改梳成已婚妇女的凤凰头时，她就拼命挣扎，拒绝梳妆，不愿轻易结束这个姑娘时代。这时就由母舅来主宰，让两人抱着她，一人专管梳头。头发梳成后，由母舅帮她穿袄着裙，戴上银凤冠。新娘才无奈哭唱道：

感谢母舅众六亲，以后多上我门庭。
无茶无水你讲我懒，无饭无酒你莫怪别人。

5. 难为媒人

畲族姑娘出嫁的当天，必须办一桌“出门酒”宴请亲戚朋友。席上酒过三巡，新娘由送嫁嫂陪伴去酒席上见六亲，行拜跪礼，凡被跪的人都要送红包作礼仪答谢。有的畲村新娘跪六亲，却在请酒前个别进行。这时受款待的主要是媒人。新娘和众女伴先围住媒人唱《骂媒歌》，媒人戏谑地和歌。随后，由“保定公”即掌酒壶者，岔开话题道：“媒人公，你今天是骑云来呀还是骑马来？”他要是答骑云来，那么腾云致雨，雨即是酒，就要连喝三杯罚酒；他要是答骑马来，那么保定公就拿出3个骰子和1块碗来说：“六亲专心开路。”

席上诸位就把自用的酒杯、筷子、汤瓢、碟子移到桌膝内（旧时八仙桌的桌枋与桌面会合线以内）。接着大家共同饮酒、下菜。

6. 难为行郎

畲家称轿夫为“行郎”。男家迎亲花轿来到女家，女方姑嫂姐妹一般都要出来为难轿夫，与轿夫对歌，即以种种借口来留“姐妹”，不使“姐妹”让他们抬走。轿夫则用种种理由说服女方，使花轿顺利出村。

女方唱：

扛轿人仔过田头，我要留妹一年凑。
我要留妹做年食，明年给你叫过寮。

轿夫答歌：

扛轿人仔过田垅，田垅花絮开花红。
亲家择得好日子，今晡正好结成双。

整个赛歌中，比较有趣的算“求蛙”。求蛙又称“轿蛙”或“撬蛙”。即是轿夫从男家出发之前，将准备好的零钱镍币一包藏在某一轿夫的肚兜里，象征“蛙”类。届时，女家姐妹们千方百计地把这“蛙”撬出来。直至亲家嫂燃起一把松枝叶放到轿夫的席下，轿夫看见桌下浓烟滚滚，又不敢离开席位，只得抛出肚兜的那一包钱，亲家妹拾起钱包回到内厅，把“蛙”打开，将零钱镍币分给围观的小孩。而后，新娘的爹出来敬酒，让轿夫喝醉吃饱，好抬新娘过门。

7.“分爨”

新娘梳妆完毕，由母舅半推半拉地扶进厅堂与胞弟“分爨”。即分灶仪式，胞弟手捧红漆樟木八角茶盘，盘里放着两碗带骨猪肉煮成的线面。新娘站在竹制的米筛里哭唱道：

我爹做事能上层，做事一层又一层。
那会做事米筛中，不会做事米筛沿。

接着，手握筷子又哭唱道：

兄弟分散分厅堂，姐妹分散分嫁妆。
嫁妆分来藏衫衣，兄弟一半我一半。

边唱边将茶盘上的两碗骨肉线面分过来分过去，连分三次，以示骨肉深情，日后两家常来常往。分好骨肉面，新娘又从放着钥匙、稻谷、大米的茶盘里抓起一把又一把米谷边唱边撒。撒罢，新娘入轿，神堂上要放一桶水，意为压风水。胞弟手拉轿杠“留轿”。花轿在厅堂上两进两出，意为留风水，最后抬出大门。

三、成婚

1. 拜堂

新娘花轿到达男家。撕去“轿符”，燃火把绕花轿一圈后，打开轿

拜堂

门。接着，由一位父母健在的少女和“送嫁嫂”，上前牵新娘下轿。新娘脚踏竹米筛步入厅堂，这时，爆竹声声，喜烛、斗灯齐明，乐队奏起乐曲。两位“子弟倌”手提上书“百子千孙”和“长发其祥”的两盏风不动灯（马灯），三进内堂请新郎。最后一次，才见新郎头戴清朝官帽（或红缨帽），身着蓝色长衫，肩披缚腰大红彩带，脚踏双鼻布鞋，从后厅出来，站到新娘的左侧。这时，司仪唱道：

一条红线两头牵，新郎新娘心相连。
吉日良辰拜天地，结发夫妻同百年。

新郎先向天地，继向祖宗牌行三跪九叩礼。新娘则手执花绢掩面，由送嫁嫂挽着，不拜。

2. 入洞房

拜堂以后，子弟倌分别一前一后持灯笼和喜烛走在前后，新郎新娘跟在前头的子弟官后，司仪或全福老人手捧斗灯跟随，取“日进斗金”和“添丁（灯）”之意。斗灯内放一面镜子，供新娘照妖驱邪，破暗宜家和“照孕（影）”之用，因影与孕谐音，取生男养女之意。在一片喧闹声中新娘被拥进洞房。观众可拥进洞房“闹房”，送嫁嫂散发“茶泡”，供他们品尝。

3. 请结婚喜宴

结婚喜宴，又叫“讨正酒”。宴席主宾为母舅，其余宾客亦按辈分排序入座。喜宴在燃放鞭炮后正式开始。这时酒瓶倌拆去封在酒瓶口上的红纸，从主宾开始一一斟酒。当菜吃到一半的时候，新娘在伴娘的陪同下给各桌端上新娘茶，先献给主宾桌的母舅等亲戚先喝，宾客喝过新娘茶，要回赠一个红包，压在茶杯上，作为酬谢。当最后一道菜“鸡肉”上桌时，男家捧出内放两个酒杯的樟木茶盘，酒瓶倌把两个酒杯接到自己面前，斟满酒，站起来用双手把这两杯酒端到母舅面前；母舅与酒瓶倌经过一番讨价还价后，母舅把两杯酒分别倒入自己用过的酒杯，一饮而尽。按程序礼节，酒瓶倌再次把两个酒杯送到母舅面前说：“今天，外甥好日头，母舅必须添丁一杯！”这回母舅不能推辞，二话不说，喝下这杯酒。以上母舅分别两次单独喝整杯酒的礼节，叫作“母舅喝双杯酒”。

随后酒瓶倌也要按以上礼节，请媒人喝“辛苦酒”。媒人把送到面前的两杯酒，倒入自己酒杯喝光。这叫作讨正酒，母舅、媒人“食双杯酒”。其余的亲戚没有资格喝双杯酒。

此外，喜宴上还有全桌客人喝“添丁杯”“满桌杯红”“作坝头杯”。“正酒”快结束时，酒桌上的所有人，必须进行“猜枚”（猜拳）助兴，以祝东家人丁兴旺，财源广进。

4.“佳期酒”

“佳期酒”是畲族婚礼的重要礼仪习俗。本书已有专文叙述，此处不再赘述。

“佳期酒”从午夜进行到黎明。次日清晨，送嫁嫂陪伴新娘下厨房“捞饭”。客人吃罢“新妇饭”，新娘即为客人端汤水洗脸漱口。凡洗脸者，都要给新娘红包，再次表示祝贺。

新妇下厨

畲家婚礼具有独特的文化内涵，集中展示畲族的民俗风情。畲族婚俗虽形成于封建时代，但仍处处洋溢着畲家人积极刚强的生活态度，闪烁着质朴率真人文精神的光芒。

由于曾经一个时期倡导“移风易俗”，以及随着城镇化、信息化、现代化高潮的到来，人们生活节奏加快，畲族传统文化受到严重冲击，很多年轻人的婚礼都不按老风俗办了。进入新世纪新时代以后，对传统文化的保护受到重视，一些有见识的年轻人追求返璞归真，具有浓郁民俗风情味的畲家婚俗重新受到青睐。

畲族“宝塔茶”

雷瑞华

“宝塔茶”亦称“结茶塔”，流行于溪尾、松罗、湾坞、溪柄、城阳、潭头、社口等乡镇的畲村。畲族“宝塔茶”礼俗是福安畲族在长期的社会生活中形成的一种独具特色的生活艺术，是畲族婚嫁习俗的组成部分。

畲家举办婚礼前，男家亲家伯去迎亲，女家用“宝塔茶”来难为迎亲伯或“行郎”（轿夫），是畲族婚俗中最具戏剧性的精彩节目，也是众多婚俗节目中的重头戏。

亲家伯率迎亲队伍抵达女家，在礼炮迎接、让座、敬烟、称肉之后，女方姑嫂姐妹往往以种种借口来“留住”好姐妹，“不让”姐妹被抬走，故不等父母泡茶之前，就抢先一步用“宝塔茶”为难亲家伯或轿夫。

宝塔茶

亲家嫂用八角樟木红漆茶盘捧出5碗热茶。这5碗热茶是按叠罗汉式叠成3层，1碗垫底，中间3碗，圈成梅花状，顶上再压1碗，呈宝塔形。亲家嫂将此宝塔茶捧到亲家伯面前，恭恭敬敬地献给亲家伯品饮，其实是考验亲家伯如何接饮。有经验的亲家伯得口手同时配合：以双手扶住中间连同底层的4碗茶，同时用牙齿咬起宝塔顶上的那碗茶，双手再用力裹起中下层的4碗茶，分别递给4位轿夫，自己则徐徐抬头，茶水从上下两排牙齿缝中流入口中。亲家伯喝茶时不能用手扶碗，还要按原样再收回其余4只碗，按原样摆好，再压上口叼的那只碗，女方亲家嫂也必须按原法还原该动作，放回到茶盘内，再捧回室内。只有能结又会解，才算是完整的过程，否则姐嫂们也会引来众人的责骂。

亲家嫂向亲家伯敬宝塔茶时，应唱《敬茶歌》：“迎亲花轿进娘家，大男细女笑哈哈。树梢橄榄果未黄，先敬一盘宝塔茶。”唱罢即给亲家伯敬茶，亲家伯应和道：“端凳郎坐真客气，又来泡茶真细腻。清水泡茶甜如蜜，宝塔浓茶情意长。”唱毕方可按上述办法接宝塔茶，亲家伯假如取不下宝塔茶，或是将茶水弄翻了，不但大伙无茶喝，还会遭到众姐嫂乡亲的嘲笑、奚落和戏弄。

畲族婚嫁礼俗将茶礼提炼、升华到独特的境界，成为畲族风情活动中

最有特色、最富情趣的民俗活动之一。

旧时不同畲村或不同时期，此习俗也稍有不同。一是迎亲伯等人提前二天前往女家，茶饮点心后要连续盘歌两个晚上；二是接茶的人是亲家伯也可从行郎中内挑选一人；三是也有结婚当天前往迎亲的。

畲族宝塔茶主要特征，一是它的民俗性，它是畲族特有的区别于其他民族的婚俗礼仪；二是它的地域性，主要以福安、霞浦两地畲乡为主，其他地方较少涉及；三是它的趣味性、娱乐性和观赏性，审美观赏价值较高；四是它的技巧性，具有一定难度，需心法手法俱到，不然很难完成全套技艺；五是它的文化性，无论技艺的要求，还是相应的盘歌，口头表达能力，都要求角色要学好本领、学文化、讲品行、重修养，达到心灵手巧、对答如流的境界方可胜任。

说到存续状况，可谓喜忧参半。忧的是前一时期不重视传统文化的保护传承，使得历史形成的这一独特婚俗，不断地被淡化、简化和汉化，濒临消失的危险。喜的是这一礼仪习俗作为保护项目进入非遗名录，受到非遗保护法律法规的呵护，使这一传统习俗焕发光彩，后继有人，还搬上舞台，在重要民俗节庆活动时向观众展演展示。

冲泡宝塔茶的茶叶常用优质绿茶，制作技艺有许多讲究，在选材、手炒、揉捻、炒坯、烘干等环节特别用心。制好的茶叶要进行密封包装，储存备用。

畲族“佳期酒”

雷瑞华

畲族“佳期酒”礼俗历史悠久，是畲族婚礼的重要礼仪习俗。

畲族婚礼中“拜堂”仪式和婚宴（“正酒”）结束后，已近午夜。

畲族“佳期酒”

这时男家还要办“佳期酒”。参加喝佳期酒的除新郎外还有九位佳期友。佳期友的人选从亲友中产生，条件是同村、父母健在甚至三代以上同堂者，兄弟多或生男女齐全的人家的年轻人。人选物色后，就发帖约定。其中一人为首，称“佳期头”，主持佳期酒活动，其余八人称“八仙”或“八仙子弟”。佳期友与新郎共十人，正好一桌。他们身着长衫，头戴红缨帽（类似清朝兵勇帽），佳期酒仪式程序大致包括请位、行酒令、看新娘、讨凤凰蛋、喷床、传花、送房等。

酒宴开始时，新郎官开大门，放鞭炮，“八仙”身着长衫，头戴红缨帽进入寮里。新郎站在厅堂右首，先行迎客礼，两手五指并拢，两个手掌的手指部分连接相叠，打个圆形舞姿——从左下方开始，经左向上，再经右向下，举至上方时，头部略向前倾俯。八仙子弟进门时，也要边走边做同样的动作还礼。

接着跳敬茶舞。主人手捧八角红漆樟木茶盘（内放10盅糖茶）从后厅出来，作半跪蹲式状舞至厅堂；先敬天地，然后转身敬祖公牌，再左右穿梭地边舞边，依次向八仙子弟敬茶。敬毕又按原样，左右穿梭，边舞边依次从各位的茶盅一一收回茶盘，舞回后厅。

敬茶毕，下面是“擦洗”餐具。主人舞到厅堂桌前，左手拿杯、筷、碗、瓢等餐具，右手持四方帕对着餐具有节奏地摆动，象征性地做擦拭动作，上下前后内外左右都来一遍，身体和脚步亦有节奏地扭摆，形成诙谐有趣的舞姿。舞后再把酒杯等餐具放回原位摆好。

擦完餐具再“拂擦”凳子。左手抓起凳子的一端使之悬空，右手用四方帕模拟拂擦凳子状，身体和脚步亦随之摇摆踏舞。如此一一舞毕且将凳子放回原位，站立两旁的八仙子弟就以歌请新郎官入席。

酒宴伊始，先行酒令。佳期头提壶斟酒一巡，八仙问道："老翁，这叫什么酒？"佳期头说："这是状元出世酒，六亲们食了都记得。"众人应声："记得！"齐举杯饮酒。饮罢，佳期头又斟酒，众人又问："这是什么酒？"佳期头答："这是状元三旦酒。"……如此依次把下面各巡称为"状元满月酒""状元拜师酒""状元读书酒""状元考试酒""状元中举酒""京报酒""火牌酒""开路酒""修路酒""跑马酒""游街酒""交印酒""上任酒""放笔酒"等。说罢酒名，佳期头拿出三枚骰子高高扬起，掷入空碗中唱酒令辞，预祝新婚夫妇早生贵子、财丁两旺。

酒至半酣，"八仙"开始闹洞房。

头一个节目为看新娘，讨果子，亦称"洞房猜'种'"。众人推举两人为首，唱着山歌进洞房。送嫁嫂听到歌声就把从新娘家带来的果子和农作物种子藏起来，并唱起歌谜让两人猜，猜中了开门，送果子和种子；猜不中，连门都不让进。也有拿到桌上猜的，福安北部的畲村，可以把果子拿到八仙桌上，让八仙子弟猜，猜中了给果子，猜不中则罚酒。

第二个节目是讨"凤凰蛋"。众子弟唱《讨凤凰蛋歌》，并分头在洞房里搜寻"凤凰蛋"，就是新娘娘家藏在被窝里的两个染红的熟鸡蛋。他们边搜寻边唱："被子翻过去，新妇生子好读书；被子翻过来，新妇生子中秀才。"翻来覆去直至讨到"凤凰蛋"为止。

第三个节目是"喷床"。佳期头手捧半碗喜酒，立在新娘床前，边唱边喷，唱一条歌，喷一口酒，如："喷红床金做脚，姻缘原是天送来。姻缘原是天注定，万世修来共床眠。""喷床歌"有十条。

鸡腿凤凰蛋

佳期酒将近尾声时，有一个"传花"的小高潮。八仙子弟分别命名为"柚花"（由佳期头扮演）"松花""竹花""梅花""茶花""莲花""萍花""烛花"等。各花还有各花的绰号，如"柚花”绰号为“皮厚厚”和“腹肚生虾米”；“松花”为“叶针针”和“半天生蛋”（松果）；“竹花”为“地下掏‘笔’”和“赶羊去福州”（竹枝鞭子）；“梅花”为“斗雪开”与“雪里香”；“茶花”为“早知春”和“待人客”（茶叶）；“莲花”为“撑洋伞”和“带金盘”；“萍花”为“一夜生九子”和“水面飘飘”；“烛花”为“面红红”与“屁股坐针”（烛台）。各花还可以即兴再取其他绰号。传花开始，厅前另一人击小鼓，佳期头“柚花”手把剪纸的红花从自己席位开始频频向下移，唱道：“门前击鼓响咚咚，花到手。花到X花手，X花要食酒。”要让谁喝酒，就把花放到谁的席位上。例如：花传到“松花”或“竹花”手时，被唱到的花（人）就要立即接过，并唱道：“门前击鼓响咚咚，花到手。花到X花手，X花要食酒。”如此一人传一人，把纸花传遍全桌。花传到时要是迟迟不接，就要罚酒一杯。

传花过后，为寓意花有剩余，可以出卖，使之进行“博花”（换花）。博花开始时，“柚花”唱道：“卖花，卖花！”众人和道：“卖甚

么花？”答道：“卖状元爷头上金花。”（状元由新郎扮演）众人和道：“状元爷头上金花已戴，何人饮酒？”（得偿之意）“柚花”即可随意作答，如：“半天生蛋的人食一杯。”如“松花”答：“松花不食酒。”众人则和道：“何人饮酒？”“松花”亦可随意作答，如：“雪里香的人食一杯。”“梅花”可立即答：“梅花不食酒。”众人和道：“何人饮酒？”“梅花”亦可随意传谁喝酒。如此连传，周而复始，传到谁，要是不注意接声，则饮罚酒一杯。尔后，又由饮罚酒者开唱：“卖花，卖花！”如此接连不断，一直博得席上人人酩酊大醉。

佳期酒从午夜开始进行到黎明，八仙子弟在尽享美味珍馐、激扬好辞、饱腹酒酣之时，就当唱起《送房令》，边走边摆手，送新郎回洞房休息。唱罢，鸣炮休宴。

畲族婚礼的“佳期酒”习俗，喝的全是自己家酿的米酒，味醇且甘，易醉易醒；唱的也是自编自演的歌谣，韵调和谐，易学易记。整个婚宴仿佛是从歌里浸出来的，是从酒里泡出来的。畲族婚礼的“佳期酒”习俗跟“宝塔茶”习俗一样，是畲族民俗文化中最具特色、最富情趣的重要组成部分。

金斗洋畲族拳

陈国栋

金斗洋畲族拳是畲族武术的代表性拳种之一。这个拳种出自福建省福安市康厝畲族乡的金斗洋畲村。该村历史悠久，据族谱记载，唐朝末年便有薛姓汉族人家在这里落户；到了清朝康熙年间，一支雷姓畲族辗转迁到这里落户繁衍，迄今有三百多年。金斗洋村现有330多户、1200多人，主姓雷、钟。

金斗洋是一个风景优美、生态环境保护良好的宜居村落。远眺村景，林壑佳美，竹木掩映，山野蓊郁，秀色可餐。一道古朴的石砌梯路像一条玉带从村脚蜿蜒而上，石梯路的尽头便是村口。门楼巍峨坚固，两边石柱用花岗岩砌就，重檐歇山式楼顶，中间门额有“金斗洋畲寨”五个镏金大字。村大路的左下方有一座“永镇堂前”古庙，这是金斗洋人的精神殿堂，除了供奉当境神明，还奉祀称为“雷大三十二公”的祖先雷国楚。

一、金斗洋畲拳的始创

雷国楚乳名雷朝宝（族内称雷大三十二公），生活在清朝康熙、雍正年间，是“畲拳”的创始人之一。由于当时畲族迁居金斗洋不久，经常遭受外族的侵扰，保卫家园、安居乐业成为村民最大的愿望。从小练就一身好拳脚的雷朝宝在保卫家乡的战斗中表现出色，受到乡亲们的拥戴。不

金斗洋拳术

久，一个叫铁珠的少林武僧因参加反清复明斗争被朝廷追捕，流落到金斗洋，得到畲民的救助。铁珠和尚也就在这里开馆授徒，传授南少林武功。在众多的徒弟中雷朝宝是最优秀的一个，铁珠和尚和雷朝宝将南少林功夫与畲家祖传拳术熔为一炉，创造出一套集长拳短打和棍术于一体，具技击和健身功用、风格独特的“金斗洋畲家拳”。

金斗洋畲家拳以防身自卫为要义，较少与外界交流，讲求礼让，不先动手，后发制人。在畲族拳师中流传这样一句话：“练拳习武亦修德，一练筋骨，二练技，三打不平，四养性。”为了规范学拳弟子的武德、功法，金斗洋的早期拳师编制了许多口诀让弟子诵读，烂熟于心、落实在行动上，流传至今。

武德 练拳重武德，本是英雄色；无德技不高，德厚功亦深。无艺想打人，艺高不打人；四海皆兄弟，友善为守则。

功法 打拳先站桩，步稳心不慌；步步皆有解，唯有力难防。指法最狠毒，切莫轻露功；练拳加练功，胜似孙悟空。

刚柔 刚者法之本，柔乃变之基；太刚必易折，太柔终受欺。须刚必用刚， 须柔则应柔。刚柔宜相济，不可有偏倚。

虚实 打拳论虚实，才是上乘技；虚实多变幻，审察可临敌。虚虚又实实，实实又虚虚；能虚又能实，制敌有奇机。

进退 知进不知退，枉自费心机；能退不能进，空负平身艺。进如猫扑鼠，退如鱼跃溪；善进亦善退，方能施绝技。

攻守 专攻必大败，专守无便宜；单桥打不动，连功可获益。审时又度势，声东又击西；攻守两兼顾，稳操得胜旗。

二、风格、手法和套路

畲族拳是南少林武功中的一个流派，具有南拳步稳势烈，发力短猛，擅用手法，防守门户严谨，进攻多用指法、掌法的特点。其风格、基本手法和套路都有许多独特之处。

金斗洋棍术

风格

形威。畲族拳在演练中“眼似铜铃，嘴像狮形”，突出形象威武、雄伟彪悍，形效虎的勇猛，势似豹的悍烈，并常配合稳健的步法、气势雄壮的阵脚，以威慑敌手，达到从心理上战胜对方的目的。

力猛。发力刚猛是南派武功的主要特点。畲族拳也是如此，除具有一整套传统的如戴石帽、劈树桩、插竹把、抓石豆腐等训练功法外，也很重视气与劲的配合。其“千招易躲，巨力难防”之拳谚，正说明这一点。其发力动作要求气息吞吐浮沉的配合，发劲借助积的“气”将“力”猛烈催发，即“以气催力”。畲族拳的发动常伴有“咳”“嗨”的吼声，以助发力和拳威。

马实。“马”即步，也称“桩”。畲族拳的步法有八字马、不丁不八马、虚实马等。演练时步法稳健，固如磐石，很少有高踢和跳跃动作。为了达到步稳的目的，除了练徒手“坐桩”和“拖桩”外，还要进行肩顶石锁、身穿沙衣、脚系石磨等负重的练习，所以在套路练习和实战中就会表现出步如“落地生根”般的沉稳。故通常用“推桩”的办法以检验一个练手功力的深浅，因此，“马实”被认为是习畲族拳最基础的、也是至关重要的一环。

手狠。畲族拳的手法极其丰富，其中以指法最为常见，且招招实用，攻击敌之要害，故谓之“手狠”。演练中有一指点穴、二指摸珠、三指挑裆、四指插肋、五指抓手法。畲族拳由于必练“铁砂掌”“竹把功”等操指掌的硬功，从而使其达到一定的坚硬度，在实战中多以掌指伤人要害处。

基本手法

拳法，有直锤，格锤，田螺锤，牛角锤。

掌法，有单刀（掌），双刀（双掌）。

肘法，有抱肘顶，开弓顶。

指法，有单枝点穴指，摸珠指，锁喉指，掏裆（偷桃）指。

畲家拳不仅具有南派武功的沉稳、扎实风格，同时因其生活环境的客观形成，亦不乏形意拳身法灵变、动作紧凑的体式特征。其打法多变，不论是手法还是步法，在实战中均能凸显其优势。

套路

金斗洋畲族拳的套路可分三战（又称“三角战”）、四门、五步子、

金斗洋畲寨

小六步、大六步、七步、上半尺、下半尺等十余种。其中“三角战”是入门基础套路，练步（又称“练马”）是这个套路最为重要的一环。练步是畲家拳的基础，易学，但难以达到精湛的程度，这就需要练习者有一定的恒心，能够坚持锻炼，不放弃，才能达到一定的水平，这是畲家拳传承中注重长期练习的特征。

附：畲族拳套路“小六步”拳谱

请拳（起式）→双磨钢刀→双刀破竹→单刀破竹→二指锁喉→二龙戏珠→蛤蟆钓珠→小鬼抱柱→孔雀开屏→水里铲月→水里铲月→猛虎推山→牵牛过栏→饿牛顶柱→小鬼推磨→饿虎扑食→单刀破竹→谢拳（收式）

三、金斗洋畲族拳的练功方法

畲家拳中一疾、二硬、三力的特点被誉为“三绝”。其讲究实战，套路简短精练，朴实无华，结构紧凑，其动作招招立足于实用，强调体现疾、硬、力的特点，并且很重视功法的练习。畲族拳师有一句口头禅：“练拳加练功，胜似孙悟空。”他们结合生活环境和地理条件，摸索出一套方法独特、行之有效的练疾、练硬、练力的练功法。具体有如下几种：

桩功　静力站桩，负重站桩，拖桩，负重拖桩。

一竹功　将一根毛竹架在两个三角架上，练习者在这根竹子上站桩、打拳，做进步、退步的练习。练习到能在上面进退自如时，可在竹上抹上一层菜油，使其光滑难行，以提高练习的难度。训练有素的拳师可以两人在上面进行推手、格挡、拉拨等技击练习，被打或被推落者为输。这种方法不但可以提高练习者的平衡能力和桩马的稳定性。更重要的是进行了田埂模拟性的训练，对惯常活动在山区水田田埂上的畲民们而言打下了实地相搏的基础。这种“一竹功”的功法对提高畲民在田埂上的实战能力是相当重要的，故而当地有“畲人上田埂，十人难近身”的说法。

二竹功　将两根毛竹置于两张长凳上，并加以固定，练习者两脚站在毛竹上，在练习者前后不同的方向挂上二至三个沙袋，并要求前使手，后用肘，两手左右同时击打悬吊于半空中的沙袋。此功练到一定程度时，可以增加沙袋的数量和变换沙袋的方向位置。另外还可以用头顶、肩扛、膝撞等打法进行攻防的模拟练习。这种练习既可练桩马的稳定性和平衡能力，又可练手法的疾速和对不同方向来敌的应变能力，是一种很有实战意义的练功方法。

竹把功 将许多小竹子扎捆成把，竖靠于墙，习者用掌尖往里插，插入后迅速抓住少量小竹子往外拉。这种练习需具有一定的“铁砂掌’基础。待练到一定程度，可逐渐扎紧竹把以提高练习的难度。这种功法可练掌指“插’的难度和插入往外‘拉”的力量，它是畲族拳所独具的指、掌硬功训练方法。

三年功 又称“千层纸功”。将一千张粗纸（草纸）叠钉在墙上或柱子上，习者每天采用拳击、掌拍、指插等方法进行练习，打一天撕一张纸，直至一千张纸撕完了，“三年功”也就练完了。这种功法是练拳、掌、指之坚硬度的特殊方法。它符合由易到难，循序渐进的科学原理，倘有加药物辅助练习，则效果更佳。

铁砂掌 习者手蘸一种特殊的药水后顿感到奇痒，就往已备好的米堆、谷堆、黄豆堆、沙子堆、铁砂堆里进行插、拍、砍击练习，习后不感疼痛，反觉舒适。如此数年坚持不懈便可练成“铁砂掌”。练功的步骤强调循序渐进，由轻到重，从易到难。开始练时，先拍击米、豆等，逐渐过渡到沙子；当能在铁砂上进行插时，即“铁砂掌”功成矣。

铁臂功 练习方法是正对一棵大树，距离约30厘米，略屈膝成八字马，两手抱拳当胸，拳眼朝上，

雷国楚雕像

拳心向内，两拳间的距离约10厘米。右臂向右摆直，随即向左前下方横击，用前臂内侧击打树干；右臂屈肘内收，向左绕摆，随即向右前上方横击，用前臂外侧击打树干；右拳收抱腹前，同时，左臂向左摆直后向右前下方击，用前臂内侧击打树干；左臂屈肘内收向右绕摆，随即向左前上方横击，用前臂外侧击打树干。按此方法由轻到重、由慢渐快地进行练习，也可先打树皮较软的树，而后过渡到打坚硬的树干。练习者亦可在前臂上涂抹药水进行练习，苦练数年，“铁臂功”成时，摧竹折木轻而易举，与人相搏可稳操胜券。

避露功　黎明鸡啼时，晨练者趁这时树木、毛竹上带有露水，站在树荫外，然后疾步跃到树干旁，分别用拳打或脚踢，更多的是用两掌切击树干（即假设为敌手之肋部位），继而快捷跃出，以被震落的树干、毛竹枝叶上的露水不及沾身为度，反复持续进行。这种功法先由较小的竹、木林下进行，渐续转移到较大的树木、竹下进行。畲民们就是利用这些自然条件进行“避露功”功法练习的，它可磨炼手脚的硬度，熟练进击的方法，加快进退的速度。以提高进退的速度为练功的主要目的。

眼功　是武术运动中眼神与动作配合的功夫。在技击中密切注意对方的举动，是反击的前提，是精神气势的体现。练拳时若没有眼神的配合，动作就没有生气，套路也就成了呆板的动作罗列。反之，如果能练到和一招一功恰当配合，就能把练习者内在的精神意识通过眼神充分体现出来，使整个动作协调而富有生气。在技击中，眼神可以威慑敌手，从心理上战胜对方。同时，还可以将对方的意识企图、一举一动，明察分析，并提前预判，从而做出相应的防守和进攻。畲族拳练习眼功的方法很多，如对物静视、设意随视、盯视击拳、套路眼神等。

搬石磨　一种练习方法是靠近石磨站八字马，双手托住底磐搬动抱起放下，持续反复进行，练习的石磨分量由轻到重逐渐增加；另一种练习方法是将石磨抱起后做套路的步法练习，这种练习主要是为了提高“弓马”的身腰和手臂的力量。

推石球　石球用青石或大理石凿成，小的几百斤，大的千余斤。练习的方法是将石球放在土地上，练习者靠近石球站好马步，用掌向前推动，继而“脱马”换步，向左或向右推动。从推小的开始，然后逐渐进步到推大的。

耍石狮 练习者根据自己的力量，用单手或双手紧握适重石狮的脚，进行提、举、推、抛、接、舞等练习，也可手托适重的石狮进行拖桩练习或进行简单的推击练习。练习时，由小到大逐渐提高石狮重量。

玩石锁 石锁重量大小不等，小至二三十斤，大到百余斤。玩石锁的方法很多，可以根据石锁的重量和玩石锁者的水平进行。它是畲族拳师们比较习惯的劲力练功用具，凡练拳的人几乎都能熟练地耍石锁。

四、珍贵的非物质文化遗产

金斗洋畲族拳为福安和畲族带来了巨大的荣誉。1982年第二届全国少数民族传统体育运动会（以下简称“少运会”），雷永树、雷锦云、雷清富获得武术金牌；1991年第四届全国少运会，雷盛荣获得武术金牌；1995年第三届省少运会，钟团玉获女子拳术第一名，钟团玉、雷盛爱获女子对练第一名；1995年第三届省农民运动会，钟团玉获得女子拳术铜牌；2009年首届世界中华国术大赛，雷盛荣、钟团玉获得4金1银；2011年第七届省少运会，钟团玉、雷康莲获武术女子对练第一名；第九届全国少运会，钟团玉获女子拳术二等奖，钟团玉、雷康莲获女子对练二等奖；2014年第八届省少运会，钟团玉、雷康莲获女子对练金牌，钟团玉获女子拳术铜牌；2015年第十届全国少运会，钟团玉、雷康莲获女子对练三等奖；2016年第五届全国少数民族文艺会演，雷盛荣、钟团玉等在开幕式表演畲族武术；省农民运动会钟团玉、雷卫平等获一等奖1项、二等奖4项、银牌1块，团体项目获第一名；2018年第九届省少运会，钟团玉、雷康莲获女子对练第一名，钟团玉获女子拳术第三名；2019年第十一届全国少运会，钟团玉、雷康莲获女子对练三等奖；第四届海峡两岸武术文化节传统武术邀请赛，钟团玉、雷卫平等获7金1银3铜。

金斗洋畲族拳从雷国楚始，迄今已传14代。2—5代：雷玉全，雷德铃等，雷清众等，雷伏团等；6—10代：雷伏禄、雷成波、雷清富等，雷洪锦等，雷盛荣、雷永瑞等，雷盛贵、钟团玉（女）、雷锦华、钟刘华等，雷康莲（女）、雷卫平；11—14代：雷梅娇（女）、雷友平等，钟彦奇、钟幼芳（女）等，钟谨隆、雷懿轩、雷馨怡（女）等，雷懿杨等。

2017年，金斗洋畲族拳申报福建省级非物质文化遗产项目成功，使这一珍贵的拳种得到更好的传承和保护。

奶娘催罡巫舞

李毓贤

畲族巫舞“奶娘催罡”（“催罡”又作“踩罡”“行罡”），是闽东传统民间舞蹈，也是福建省非物质文化遗产之一。

“奶娘”原名陈靖姑（767—791），据传出生于福州市仓山区下渡街道，是福建最有影响力的陆上女神。据《闽都别记》《福州府志》等所述，父亲陈昌为朝廷户部郎中，陈靖姑受家庭影响，13岁去闾山学法，15岁学成归来。传说陈靖姑学法期间拜许真君（闾山九郎，闾山教派创始人）为师，后嫁古田中村，夫家姓刘。曾破洞斩蛇、救护万民，24岁时因祈雨堕胎而死，羽化成仙，升天为神，主司保护妇女儿童，兼祈福禳灾、惩恶扬善。闽王封陈靖姑为“临水夫人”，宋理宗先后加封她为“崇福昭惠慈济夫人”“天仙圣母青灵普化碧霞元君”，清雍正追封她为“天仙圣母”，清乾隆赐封其为“太后”等。死后尊称极多，如临水夫人、顺懿夫人、慈济夫人、顺天圣母、天仙圣母、碧霞元君、注生娘娘等等，民间则习惯称她为陈夫人、奶娘、大奶夫人等。福安民间最普遍的叫法是“奶娘”，崇祀“奶娘”的宫庙称“临水宫”“奶娘庙”，福安城乡百姓对其崇奉甚殷。2008年，陈靖姑信俗文化被列入国家非物质文化遗产名录。

随着临水夫人陈靖姑影响力的进一步扩大，以她为法主的闽东闾山夫人教逐渐兴起。陈靖姑逐渐成为仅次于闾山教主许真君的闾山派夫人教门的法主神。

明代，畲族大量迁徙至闽东，他们为闽东闾山夫人教的发展起到了不可或缺的作用。在畲族始祖传说中，忠勇王曾是闾山得道者。畲族《高皇歌》：“（忠勇王）闾山学法法言真，行罡做法斩妖精。”畲族巫师认为自己的法术上承始祖，与陈靖姑同属闾山流派。又有畲族巫师家谱记载，“太始祖振公（雷法振）自康熙五十一年（1712）遇闾山传授巫流技艺……”自称闾山夫人教“巫流科事臣”“道场弟子”“闾山正教行上元巫流生官”等，闾山夫人教成了畲族巫术文化与陈靖姑信仰的契合点。畲族巫术文化不断吸收陈靖姑信仰文化，并将其发扬光大，进而推动了整个闽东闾山夫人教的发展。

在畲族巫师的诸多法事和道场中，均有“奶娘催罡”（或作“奶娘踩

畲族奶娘催罡巫舞

罡”）科仪。

畲巫在法事前要行罡布法，据说奶娘的罡步最具法力，所以畲巫就行奶娘罡步，称“奶娘催罡”。“奶娘催罡”，是畲族巫师进行驱鬼镇妖活动中的一段祭祀舞蹈，是巫舞表演程式中的主段。舞者通过展示日常生活和生产活动的若干画面，塑造临水夫人陈靖姑驱妖镇魔的女神形象。全舞分“净坛”“请神”“踩罡”三个部分，“踩罡”是全舞的主体，由“罡头”“罡尾”和十一个罡步组成。十一罡步分别是：八步罡、锁链罡、失亥罡、养身罡、梳头罡、扣缠罡、洗面罡、照镜罡、笼米罡、筛米罡、钓鱼罡。这些罡步体现了四个方面的内容：一是奶娘出征前的梳妆打扮，如梳头、扣缠（古代妇女缠脚）、洗面、照镜等；二是驱魔镇鬼超度亡灵，如八步、锁链、失亥等；三是保赤佑童扶助孕妇，如养身罡（展示生儿育女后的侍奉疗养）；四是自然经济中的生产生活，祈求乡村的平安幸福，如笼米、筛米、钓鱼台等。

该舞最具特色的地方在于步法。巫师行走进退、步位、转折略似北斗星相位置，谓之“布罡踏斗”。“罡”是古星名，泛指北斗星的斗柄，“踩罡”表示脚踏在天宫罡星斗宿之上。舞者于方寸之地，脚踏北斗七星相位，变幻出十一罡步。十一罡中，八步罡是按照道术，将天地分为天门、地府、人门、鬼路四个方位，奶娘用八步罡驱赶邪魔，以免鬼魂在人间作祟成祸。最特别的是锁链罡和失亥罡中的单腿跳。锁链罡，表演者以右脚拇指和食指夹住左脚大拇指，单脚挪步，形似链条摆动。失亥罡，是用右脚拇指与食指夹住左脚后跟筋单腿拧动。这两个罡步是畲族舞蹈中独一无二的动作，被称为“畲族独脚舞”。

在法事进行过程中，巫师还要配以不同的手势，称为“雷决”，是巫师用于防身打鬼的辅助动作；据说不同的“雷决”具有不同的法力，无意中这些手势也成了难得的舞姿。

“奶娘催罡”巫舞的舞者（巫师）通常是男扮女装，其服饰主要有“头红”（包头红布）、神额、神裙，主要法具有羚号（又称“龙角”）、铃刀和手香炉。羚号按材质不同可分为木制羚号和铜制羚号，颜色以红色或黑色为主，主要用于“间奏”中的对天吹鸣，以渲染气氛；铃刀，一般由铜制成，柄似尖刀，舞动时铃片可沙沙作响，取意镇鬼驱魔，从音乐的角度来说，起到类似“沙槌”的伴奏作用。音乐伴奏乐器还有鼓镲、三音锣等。舞者一人头戴神额，身穿神裙，左手执铃刀，右手执羚号，边唱边跳，吟咒：“左脚踏在天门上，右脚踏在地府里，吾今踏到人长生，吾今踏到鬼灭亡。左脚踏山山就断，右脚踏石石成汤，闾山洞前行罡法，行罡休法上庙堂。”同时还有众巫师紧随和唱。

“奶娘催罡”巫舞属于道教闾山派中的武科，表演驱鬼镇妖场面时，舞者舞姿刚猛威武，表现出奶娘威风凛凛的英雄本色；表演奶娘出征前的生活场景时，舞者则温婉细腻，充分展现奶娘的女性特质。

全舞始终围绕塑造女神陈靖姑的英雄形象来展开。这种刚柔相济的风格，使“奶娘催罡”巫舞突破了民间舞“刚则暴，柔则弱”的局限，既表现出奶娘作为女性特有的温柔善良，又展现出她驱魔镇鬼的英雄本色。全舞刚中有柔，柔中带刚，人物个性与情节发展紧密结合，丝丝入扣，形象

畲族巫师表演奶娘踩罡

逼真，生活气息浓厚，给人以艺术的美感。在漫长的演进中，畲巫揉进了自己民族元素，体现了畲族原始的舞蹈形态和音乐风格，对研究畲族社会生态具有较高的人文价值，从中也可窥见畲族原始舞蹈形态和原始的音乐特征。

1987年，福安文化馆组织力量对这两段巫舞进行挖掘整理，编辑整理成《奶娘踩罡》和《巫舞手决》两个民间舞蹈。这两个民间舞蹈后收入《中国民间民族舞蹈集成·福建卷》。其中《巫舞手决》被进一步改编加工为《手决舞》，成为畲族民间文艺表演的保留节目。

奶娘信仰原是汉族的民间信仰。畲舞把奶娘陈靖姑融会为自己的主角，并加以发扬光大，塑造出一个受畲族人民敬仰的女英雄形象，成为畲族人民的精神支柱。此信仰体现了畲汉人民长期的和谐共处，形成了闽东特有的历史文化积淀层。“奶娘踩罡”巫舞，是畲汉民族文化融合最具代表性的证明！

2005年10月，“宁德畲族奶娘催罡巫舞”被福建省人民政府列入第一批省级非物质文化遗产名录。

卷二　戏剧与曲艺

福安平讲戏

李健民

海峡西岸，人文荟萃，气象万千。就戏曲艺术而言，地方戏种就达27种之多（据《福建省戏曲志》），在这样一个民间戏曲的大观园里，有一朵奇葩独具风采，这就是福安平讲戏。

平讲戏是福建省独特的地方剧种，由于唱词和对白都用方言，通俗易懂，平白如讲，极富生活的情趣，所以人们称之为“平讲戏”。

学术界将福建省东北部的方言统称为闽东方言，闽东方言区分为南北两个片区，分别以福州话和福安话为代表。由于福安方言的影响几乎覆盖整个闽东，所以福安平讲戏的磁场也格外强劲。旧时闽东北各地，甚至连闽北、浙南的部分乡村都可看到福安平讲戏班的演出。平讲戏以它柔曼、悠远的唱腔和亲切、温婉的乡音，征服了无数闽东乡亲绵延的情思，也吸引了许多外地乡民热切的目光。

一、起源

福安最早的戏曲活动始于何时？无法有一个确切的回答。有一种说法认为，旧时民间流行的“驮故事”游戏是福安戏曲的雏形。南宋时期，浙江温州产生了一种“南戏”，该戏种与乡村小曲、里巷歌谣十分亲近，对地处“闽头浙尾”的闽东发生了很大的影响。

明万历二十五年（1597）编修的《福安县志》有一段关于福安戏曲的最早记述：福安风俗“喜杂剧、戏文，其谚曰‘无钱扮戏，何暇纳粮？’故多以竞戏相轧”。足见当时福安民间的戏曲活动就已相当普遍。四十年后，著名文学家冯梦龙在《寿宁待志》中写道：“西溪人多习戏，然力不能具行头，多往浙江合班；大家有庆喜，好事者则于福安迎之。”这说明至少在明末，福安就有规模较大的正规戏班了。

入清以后，福安的戏曲进一步繁荣，至今仍遍布城乡的始建于清代的戏台证实了这一点。旧时福安没有专门的戏园子，戏台都建在各村镇的祠堂和主要神庙的前座，每当年节、神诞、农闲，戏台就开锣演戏，娱神娱祖，也给乡民带来快乐和喜气。当时戏班演出的主要是民间小戏。

民间的戏曲活动培养和造就了许多草根艺人。清嘉庆年间（1796—1820），晓阳路下村有一个叫六弟的艺人就是他们的代表。六弟是一名琴师，胡琴拉得呱呱叫，传说有一次他掌的戏班在与别人赛台时，他的胡琴断了一根弦，但是他一点也不在意，就着仅余的一根弦一拉到底，不走调式，不走板眼。

平讲戏是在乡土民间小戏的基础上发展起来的。清朝中叶，一些外地声腔的江湖戏班常年在闽东山乡演出，他们的戏好看也好听，但是外地声腔却叫人难以接受。于是民间小戏班来一个“取长补短”的改造，延聘江湖艺人教戏，吸收他们的剧目和曲调，用本地话对白、演唱，这样就逐步形成一个新的戏种。

二、特点

福安有谚语“平讲班讲白”，道出了它的最大特点，也正因为“讲白”，以俗取胜，所以赢得了众多观众。

最初的平讲戏演员“敲锣打鼓，沿村演唱；也时常在晒谷坪或街头空地上拉草绳围成圈，演员在圈内演戏，观众在圈外观看，故戏班称为‘牵草索班’或‘地下棚班’”。早期平讲戏的观众主要是山乡村民，戏班长年辗转于山区农村，艺人的收入微薄，生活清苦，福安有一首民谣：“临门唱，平讲班，戏做后门山；食薯米，配菜干，锣鼓打，清哐清哐清咚哐。”（陈雷等《福建地方戏剧》，1997年）形象地描绘了平讲戏艺人的生存状况。

此外平讲戏还有许多特色。它的角色有小生、小旦、老生、大花、二花等行当；尤重小生、小旦和老生，故有“三小戏”之称。它的音乐属高腔系统，由弋阳腔、乱弹和民间小调组成，一人干唱，众人帮腔，福安人称之为“掏声”。乐队一般为六人，打击乐和管弦乐各三人，“分操刀鞘板、大锣、铙钹、京胡、毛胡（兼唢呐）、笛子（兼唢呐）等乐器。乐队设在舞台正中靠后壁处……具有特点的乐器有刀鞘板和毛胡。”（《中国戏曲志·福建卷》，1993年）“刀鞘板”貌似砍柴刀的刀鞘（有时也直接使用真刀鞘），可以击出不同的音高。“毛胡”以大毛竹为筒，小竹竿为杆，薄梧桐板代替蛇皮，常常自己制作，发音别致，音调较低。平讲戏的戏装一般用印花土布缝制，朴实无华，仅加少许绸带装饰。化妆简朴，生旦角用胭脂涂两颊，用松香画眉毛；丑末等角用松烟勾画眉眼；花脸用手指勾画脸谱。装神扮鬼，用金银粉涂脸，也有使用面具；面具是古代傩舞在平讲戏中的运用，很具特色。

平讲戏的传统剧目是从“江湖十八本”发展而来的，共有“三十六本头”。《卖水记》《白蛇传》《采桑》是福安平讲戏最重要的传统剧目，其中《卖水记》已经传承了几百年，是平讲戏教习艺徒的启蒙剧目之一。

平讲戏由于具有以上特点，所以很适合表演现代小戏。《白云山上货郎担》《保卫祖国又保家》《茶歌》《牧羊姑娘》等都是为群众喜闻乐见的现代优秀剧目。

福安平讲戏对其他剧种尤其是当地布袋戏产生了极大的影响，福安布袋戏的对白和唱腔与平讲戏基本相同。

三、繁荣

经过长期的发展，到清末民初福安平讲戏达到鼎盛期，残存的江湖班也被平讲班取代。在福安及周边县区演出的班社中，平讲班社占去十之八九。繁盛期一直延续到抗日战争全面爆发。

民国时期的平讲戏班有“短班”和“长班”之分。短班是农闲和年节临时组合的业余班社，以“留洋班”最负盛名。该班班主王成顺、戏师傅韩万生、演员全是本村子弟。“留洋班”以旦、丑见长，不拘一格，有着浓郁的乡土气息，唱平讲的同时还常常杂以乱弹腔和评话曲调，深受山乡村民的欢迎。每年夏收和秋收过后的农闲时节，戏班就出村演出，一年大约要演六七个月。

长班是以演戏为职业、长年演出的专业班社。福安平讲戏的长班很多，如“三和顺”“新长兴”“留洋班”“新玉春”“福升班”“高升班”“兴利班”“吉兴班”“吉庆班”“利洋庆班”“新长福公班”等，这些戏班长期活跃在闽东城乡，深受观众喜爱。时至今日，我们还可以在旧戏台的墙壁上找到当年戏班艺人题写的剧目。其中以清末下白石莲房头人林聚利执掌的“新长兴”最负盛名，该班汇聚了当时闽东北八个县的知名演员于一班，全盛时演职人员多达54人，能演73本戏，戏路通达闽东北各县。

四、衰落

20世纪30年代以后，由于战乱和其他剧种如北路戏、平剧（京剧）、闽剧的冲击，平讲戏开始走下坡路。到1952年，福安全县共有业余剧团30

福安平讲戏《马匹卜驳妻》剧照

来个，演员千余人，主要演闽剧。

1956年以后，在人民政府的重视下，平讲戏开始复苏。县文化馆组织力量发掘、整理平讲折子戏，并多次参加福安专区文艺会演；一些业余闽剧团采用平讲曲调来演出文艺宣传节目。

1960年，组建专业的“福安县平讲剧团”，该团共挖掘、整理传统剧目23本、曲调24支，整理、演出大戏及折子戏；传统折子戏《采桑》参加省戏剧观摩会演，其剧照被《戏剧报》杂志用作封面。这一时期福安培养了一大批平讲戏的编剧、导演、作曲、表演人才，有43人名列《中国戏曲志》，其中有陈桂寿、黄光裕、张树冬、林之行、黄宝兰、高敏、郭翠玉、薛品光、阮小玲、徐邦梁、孙允宽、王宋周等。

福安县平讲剧团成立仅一年，在全体演职员工的努力下，上演十台大戏，如《白蛇传》《卧薪尝胆》《满江红》《卖水记》《武则天》等。还有三台小戏：《草鞋翁赶子》《采桑》《三月三》。平讲剧团带着这些乡亲们喜闻乐见的剧目演遍了福安的各个乡村市镇，受到观众极大的欢迎。

“文化大革命”开始后，传统戏曲被视为“四旧”，属于“横扫”之列，平讲戏也在劫难逃，遭到严格的禁演。20世纪80年代以后，由于受到现代化浪潮和多元文化的强大冲击，传统戏曲再次跌入低谷。随着时间的推移，传统戏曲面临人去艺绝、后继无人的空前危机。

五、保护、传承

20世纪90年代以后，随着改革开放的不断深入和社会文化生活的日益丰富，文化市场已是今非昔比。继电影之后，电视、录像、卡拉OK等新的文化娱乐方式几乎全部占据了人们的业余空间；近些年更冒出智慧型移动通讯终端，以及基于互联网基础上的微信、抖音等等，传统的戏曲艺术受到前所未有的严峻挑战。

对传统戏曲进行有效的保护已经迫在眉睫。为了保护平讲戏这一珍贵的非物质文化遗产，1994年福安市成立“实验剧团”，既演平讲也演闽剧。

2001年，福安市电视台“白马港纪事”栏目播出文化专题片《戏台的思念》，讲述福安平讲戏的前世今生，引发观众的强烈反响；许多老艺人表示，有生之年一定要继续演好平讲戏，还要尽量多带几个徒弟，把平讲戏传承下去，使它不被历史湮灭。

2005年，福安实验剧团转为主要演出平讲戏，并且加强平讲戏的传承工作。老艺人不顾年迈体弱，悉心传艺，培养平讲戏青年人才，古老的平讲戏有了新的

传人。

2009年，正式恢复成立“福安市平讲剧团”；后又增加经费投入，成立“平讲戏艺术传承中心”，致力培养平讲戏新人，至2022年，福安平讲戏已有第六代传人。“中心”还主动作为，先后建立六个平讲戏共建基地，排演十多个剧目，还创作新剧目，使古老的剧种焕发青春。

2012年，福安平讲戏列入福建省级非物质文化遗产名录。

2014年，该项目列入第四批国家级非物质文化遗产名录。

2018年，平讲戏《马匹卜驳妻》片段参加第七届福建省艺术节第27届戏剧会演，获演出剧目二等奖。

2019年国庆期间，福安平讲戏《马匹卜驳妻》作为“天下第一团”福建代表性剧目参加中国戏曲文化周展演。

2021年，《马匹卜驳妻》选段入选由国家文物局和中央电视总台主办的《国家宝藏·展演季》之“天下第一团”节目。

2022年4月，刘碧生、袁石明在北京《文化月刊》杂志发表《挖掘明朝老戏，荣登“国家宝藏”》一文，从“艺术特征”“渊源沿革”“立项申遗”“保护成效”等方面向读者介绍福安平讲戏。

山村布袋戏

李健民

福安有一种叫布袋戏（即布袋木偶戏）的民间表演艺术，长期以来深得山村民众的喜爱。除了“布袋戏”，它还有许多别名，如“幔帐戏”“指头戏”“掌中戏”“十不闲”“扁担戏”“厅堂戏”等。这一连串很有特色的名称，平白如话地向我们揭示了这一民间艺术形式的基本特点。

布袋戏是表演艺人（称为戏师傅）将布袋状的小木偶套在五个指头上操作表演的，一般是一个人用双手操作，十个指头忙得不亦乐乎，以手指、手掌和手腕的活动，来表现人物角色的动作。戏中角色举手投足、俯仰摇摆、舞刀弄枪、腾挪跌打，全在于艺人的掌上功夫，活灵活现。演才子佳人则情意缠绵，竭尽惟妙惟肖；演武打争斗则扣人心弦，令人眼花缭乱。根据剧情的需要，艺人还模拟所表演的角色行当，生、旦、净、丑，唱、念、道白，全在他的一张嘴上。正是：

有口无口口代口，是人非人人舞人。

布袋戏的演出设备非常简陋，一张普通的小方桌再加一个幔帐足矣。

桌子的外面用帷布围住，里面却是一个“民乐队”：一边挂着小钹、板鼓、盖头板等打击乐器，一边挂着刀、枪、剑、戟等演出道具，下边挂着脚锣。

桌子上面搭起幔帐，宽不及1米，高不过0.5米，这就是“戏台”。幔

福安布袋戏

帐的正面两边各开一个“门”，布袋戏偶就是通过戏师傅的双手从这里进进出出。

幔帐的后板就是“后台”，架上挂满主要行当的布袋戏偶，男左女右，条理清楚，有大花、老生、二花、官生、小生、武生、花旦等，称为“上排角”；次要行当如丑角、梅香（丫鬟）、家院、兵丁、役夫等“下排角”则置于艺人膝盖上方的箱笼屉上，一个戏担共有各色木偶36尊。演出时，戏师傅躲在帐后，坐在戏担上，左右两边各挂两个急用的戏偶，口动、手动、脚动，忙忙碌碌。

所有的设备，包括乐器、布袋戏偶只要一个箱子就全装下了，一条扁担就挑起一个“戏班”；戏师傅挑着戏担，走村串巷，想去哪里去哪里，哪里想演哪里演。真是：

帐前可演天下事，箱中能容世上人。

布袋戏演出的戏目大多采自明清白话小说，戏目多达54种110本；迄今尚存清末坊间刻本和艺人手抄本共数十本，保存较为完整的刻本如《白蛇传》《月台梦》《飞龙传》等，手抄本如《锦香亭》《粉妆楼》《鸭姆记》《刘全进瓜》等。一般戏师傅都能表演十多本戏，每本表演一两个小时。经常表演的剧目有《双巾蓝衫》《四幅锦裙》《七封书》《自怨杯》《玉宝镜》《金龙边》《玉螃蟹》《玉扇记》《三人会》等。

布袋戏具有中国传统戏曲的一般特点，以抽象表现具体，以虚拟表现实在，“千里行程三五步，百万雄兵二三人”。布袋戏的音乐曲调和唱腔与平讲戏相同，唱词和道白则用本地方言。为了吸引更多的观众，近年戏师傅在唱白方面进行较大的改良，针对不同观众的需求，除了本地方言，也可以用普通话，还可以用畲话，因此非常大众化，深得山区畲汉民众的欢迎。

布袋戏于清朝光绪五年（1879）从浙江平阳传入福安，在民国时期和20世纪50年代十分流行，福安北部的潭头、社口、上白石、范坑等山区乡镇，尤其是潭头的下洋村，社口的填头、坑里村，范坑的山岫宅、竹坑村都有表演布袋戏的艺人。其中下洋村最多时达30多个戏担（班），成为闽东远近闻名的“木偶戏村”。

福安布袋戏

民国中期，下洋

村林友铃（1904—1985）从浙江泰顺县龟湖学成归来，开始布袋戏的艺人生涯。20世纪50年代初期，他掌管的“新福昌班”还多次在福建省和福安专区的艺术赛事中获奖；直到60年代初期，布袋戏仍在福安山乡经久不衰。下洋龚家友、龚家正、龚家唐等艺人得林友铃真传，他们掌管的“新茂昌”“新宏昌”等布袋戏班也颇有名气。

“文化大革命”期间，这一人民群众喜闻乐见的艺术形式因为演的都是“古戏”，受到禁止。改革开放后有所复兴，数年间发展成30多班，使古老的民间艺术焕发青春。1985年，仅福安上半县就有布袋戏演出队12个。为了与新时代相适应，这一时期的布袋戏艺人还对传统的表演方式进行了革新，有的增设后台，增加琴箫伴奏，表演艺人也增加到两三人。过去布袋戏艺人全是男性，守着“艺不传女”的规矩不放；1980年代以后，出现了女子拜师学艺现象，因而除了传统的“父子班”外，还出现了“父女班”“夫妻班”。

20世纪90年代以后，由于文化多元化和现代传媒的强大冲击，许多艺人弃艺转业，布袋戏又一次走进低谷。但是依然有人顽强地坚守着民间文艺阵地。近些年，在政府的主导下对布袋戏进行抢救、挖掘和保护，布袋戏又一次“起死回生”。

2001年，福安市电视台播出文化专题片《山村布袋戏》，讲述福安布袋戏的历史和变迁，后来《闽东日报》和《福建日报》先后刊发这篇文稿，使福安布袋戏名气大增。2002年，作者将其编入散文集《啊，白马港》一书（李健民著，中国文联出版社，2002年）。

2007年8月，艺人龚家唐被选拔进京，在中央电视台演播大厅演出。2013年以来，龚家唐、雷伏团师徒多次参加白云山、太姥山世界地质公园旅游推介会及三月三民俗文化节展演，极大地鼓舞了布袋戏艺人的传承决心。目前在潭头的下洋村和范坑的山岫宅村等地，还有6个班在坚持演出，其中包括林友铃女儿陈昌莲、女婿沈庭春的“夫妻班”，在对布袋戏这一珍贵的非物质文化遗产进行活态保护的同时，给山村带来欢笑，给乡亲们带来快乐。

福安评话

李健民

说唱艺术（曲艺）源于江南的说书，宋代已经在福建的一些地方流行。元代实行民族歧视，严禁民间艺术和文化活动，统治者的野蛮政策限制了说唱艺术的发展。

入明以后，福建民间的说唱活动逐渐活跃起来，建安、建阳等地刊刻的可用来念唱或讲唱的刻本大量流行，促进了说唱艺术的发展。明代是福建民间曲艺的成型和兴盛期，包括福安在内的很多地方民间都出现有词无曲的故事念唱，这种长篇念唱可视为评话的雏形。

明朝末年，著名评话大师柳敬亭将评话这一艺术品种传入福建，“由于他不愿降清，南渡来闽，气节高尚，故福州评话艺人崇奉他为祖师”。[①]评话先在福州地区流传，清朝前期又传到福安和闽东其他地方，成为最具影响力的说唱艺术。

评话发展到清朝中期已是炉火纯青。评话所据的话本主要是明清章回小说，所以福安人又称之为“说（讲）书”。道具十分简单，一桌、一钹、一箸、一折扇、一醒木而已。除桌子外，其余均可以随身、携带，十分方便；厅堂居室、村头树下、街头巷尾都可以成为表演场所。农耕时代，辛勤劳作了一天的人们围聚在一起听说书，既可以

①刘湘如《榕荫漫话》，福建人民出版社，1982年版，第175页。

娱情解乏，又增长了许多知识，还明白了忠奸善恶、孝义贞节的道理。因此，旧时乡民对这一民间艺术怀有特殊的感情。

表演前，说书先生（评话艺人）先用一根箸子敲击铙钹聚众；听众循声而至，静静地等待着评话开场。正式开场前都要来一段序头吟诵，伴随着铙钹悠扬悦耳的声响，将听众带进故事的佳境。说书先生的说唱有着丰富的表现力，一人可以表现好多个角色，生、旦、净、末、丑，全在艺人的一张嘴上，而且全部用方言，所以极受乡民欢迎。其间也常夹有诗唱，常用的曲调有“一枝花”“浪淘沙”“滴滴金”“节节高”“江湖叠”

等，音调非常优美。全程用铙钹打击伴奏；醒木的作用主要是增加气氛，营造气氛，调动听众的情绪。

福安评话用福安方言说唱，唱腔主要有序头、吟诵、诉牌三种。序头吟诵调，由上下句各七八个字组成，声调平稳自然；每一段落有拖腔，使之谐和而有抑扬顿挫，每句由2/4拍的四个小节组成。吟诵是基本唱腔，上下句一般分别以仄声和平声音收尾。诉牌多用于表白身世、倾诉衷情，唱词句式基本为三、二、三及三、三、四，第二段处以铙钹小过门。此外主要就是散说，中间插有韵文体的赋赞。在散说与吟唱交换时，常用铙钹击拍间奏。有的艺人执铙钹的拇指套有玉制扳指，用不同方式触及铙钹以控制声音的变化。

福安和闽东其他地方的民间表演艺人（包括评话艺人和其他古装戏、布袋戏、傀儡戏等的表演者）普遍敬奉“田公元帅”，尊他为戏神。这戏神的原型雷海青原是福建南安人，唐玄宗时为宫廷乐师。据《资治通鉴》记载，叛将安禄山占领长安后，在洛阳凝碧池宴乐，梨园弟子唏嘘泣下，海青持琵琶怒掷安禄山，被肢解示众。[①]传说后来雷海青的神灵助郭子仪平乱，大诗人王维有感而发，泣泪为他写诗。雷海青后来被唐玄宗封为“天下梨园都总管”，南派梨园子弟尊他为“戏神”，评话艺人也崇奉甚殷；民间更将其上升为地方保护神，称为“田公元帅”。

传统评话表现的多是帝王将相、才子佳人，20世纪50年代以后，在历次政治运动中都不可避免地受到打击，“文化大革命”期间更是在劫难

①《资治通鉴》卷二百一十八《唐纪》三十四。

逃。那些身患残疾的艺人为了糊口只好转入“地下”活动。

“文化大革命”结束之后，文化环境宽松了许多，传统文化得以复苏。可是20世纪80年代以后，由于现代传媒和其他文化娱乐方式的强大冲击，和许多传统艺术一样，评话也逐渐失去了往日的风光；再加上作为评话语言载体的福安方言也面临式微，福安评话的保护和传承迫在眉睫。

为了使传统民间艺术不被现代文化淘汰，民间人士和艺人主动作为，政府有关部门积极支持，为福安评话的保护和传承付出很大的努力。2013年，福安市文化部门在阳头文化广场设立第一个说书亭，为喜爱评话的乡亲提供可靠的听书场所。2015年春节起，福安广播电视台开播《福安评话》电视栏目，邀请老艺人杨光兴精彩说书，满足人们对传统说书的现代视听需求。2018年初，福安市的评话艺人成立曲艺协会，建立福安评话（说书）传承中心，积极开展申报非物质文化遗产工作，杨光兴、杨星禄、吴柞树、李长波、范兴招等老艺人更为申报“非遗”不遗余力。2020年和2022年，福安评话先后申报宁德市级和福建省级非遗项目代表性项目成功，为福安评话的进一步保护、传承和发展提供了坚实的基础。

福安的评话老艺人一边加强学习，不断提升自己，使说书技艺精益求精；同时加强队伍建设，主动带徒传艺，使传统民间文化艺术进一步与新时代相适应，让福安评话这一朵民间艺术奇葩永不凋谢。

卷三　传统技艺

福安银质器物锻造

李　杰

一、民间银器银饰

银器，即“银质器物”，泛指银制生活器皿与银制饰品。习惯上，前者称为“银器”，后者称为“银饰”。“银器”大致分为食器（碗、盘、碟、筷、匙等），饮器（酒壶、酒杯、烫酒壶、茶壶、茶盅、茶盘、茶叶罐等），宗教用器（烛台、香炉、祭祀法器等），以及日用杂器等；“银饰”大致可分为头饰（头簪，头钗）、耳饰（耳钉，耳环，耳线，耳吊，耳坠）、颈饰（项链，吊坠，项圈）、手饰（戒指，手镯，手链）、足饰（脚链）和服饰（领花、领带夹、胸饰、袖扣）等。

我国银质器物的锻制与使用历史悠久。到了宋元时期，银质器物的制作逐步商品化，民间作坊成为银质器物生产的主流。福安本土银质器物的锻制与使用历史，与我国各时期大致同步。明朝中叶白银成为主要货币，因此国家加强了对银矿的开采。当时福安有银矿三处，据文献记载，明朝弘治三年（1490）福建全省课银2万多两，而福安一邑就课银5千多两（明黄仲昭《八闽通志·财赋门》），约占全省的四分之一。由于无度开采，到明朝后期，“矿脉已绝”，但民间已留存较多数量的白银，使福安成为银质器物的锻制之乡。直到民国时期，有一首《福建物产歌》仍在传唱“福安缕银技术高”（徐天胎《福建民国史稿》第419页）。

银器作为贵金属，历来是富贵之家所拥有的奢侈品，普通百姓家里少之又少。不过福安几百年习俗传承，女儿出嫁，家里再穷也要打制一套银茶匙作为嫁妆之一。21世纪，银茶匙配银茶盅、银茶盘，已是当今福安女儿出嫁常见之嫁妆品。

福安本土，极具地方特色的银饰品是“长命锁”与“十锦镯”“银帽饰”。

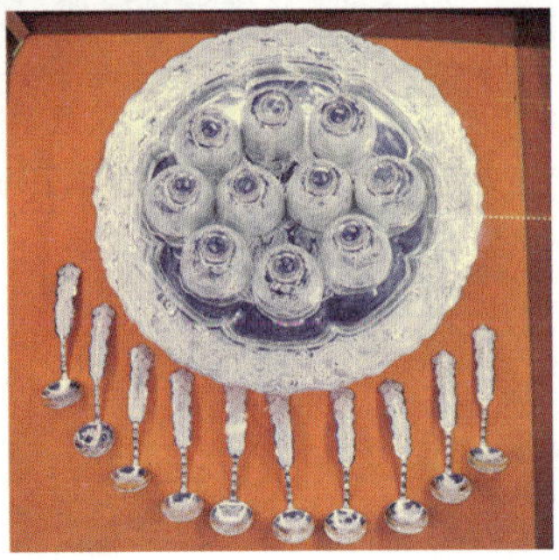

银长命锁，是幼儿专用的一种颈饰。寓意“锁住生命”，为佩戴的孩子消灾避邪。其造型以锁为主，通常两面鼓起：一面是文字，一面是图案或两面皆为文字，图案装饰在旁。文字多为吉祥语，如“长寿”“长命百岁”“吉祥如意”“永保千秋”“百家赠寿”“福寿绵长”“花开富贵”“百家宝锁”等，还有“三元及第”“五子登科”等，寄寓对孩子将来的期待。图案则多为戏曲故事或传奇人物，以及吉祥花草、吉祥动物等。其纹饰丰富，制作工艺繁复。锁下还配有三到五串各种大小不同的铃铛，有花形、桃形、狮子形、锦囊形、银斗形等。

银十锦镯，又名“十锦平安铃手镯”，是福安本土传统吉祥银饰，与长命锁相同，系长辈送给刚满月婴孩的礼物。十锦镯（分左右合一对），直径约3—6厘米，重约15—25克，多半为推圈伸缩设计，可调节大小。镯上多刻有“长命百岁”“吉祥如意”“长命富贵”“出入平安”等吉祥文字。镯上环一银圈，圈上附五个吉祥挂件（左右共计十件），分别为钟、锤、锣、鼓、蛤、鱼篓、狮头、佛手、八卦和官印等。每一个挂件，均寄托着长辈对孩子未来的一份祝福，一片期望。

银帽饰，俗称“帽花”，是装饰于帽子上的银饰物，多用于幼儿满月、满周等庆生日子所戴狮子帽佩饰。狮子帽上佩饰的帽花多以八仙或“福、禄、寿、喜”字饰为主题，造型大小不一，成组排列，镶缀于帽檐之上，自有一番风味。

福安本土银饰的造型与纹饰，简约淳朴，不事雕琢，乡土气息浓郁。

福安本土银饰制作，一般是以作坊的形式分布于城镇与集市；也有少数外地银匠挑着炉担游走四方，为有需求的人家服务。

二、畲族银器银饰

福安畲汉两个民族的银器银饰锻造、使用，同根同源，有其共性，又各具个性。

银制生活器皿锻造器型及使用习俗，畲汉两族大体相通，无大差异。无论是出生、婚丧嫁娶等人生重大经历和民族传统节日、盛事，还是日常的生产、生活中，畲族男女所佩戴的传统银饰均是一道亮丽的风景线。

畲族传统银饰蕴含祖先崇拜理念，凸显鲜明的民族文化特色。畲族传统银饰文化最具代表性的作品即为“银凤冠”。

银凤冠（俗称“圣疏”），以“凤”作为银冠的主体，是畲族祖先崇拜的形象体现。头饰的凤凰象征着平安、吉祥。畲族姑娘出嫁时必佩戴，这是畲族观念中的始祖婆三公主遗留的规制和期许。银凤冠以竹壳为骨架，外包红布缝成长方形的头冠。冠上缝缀一片片四方方的錾有凤凰、蝴蝶等图案的银牌，轻薄如纸。凤冠四周，垂饰一串串红线穿起的五色料珠；冠的正面系7至9根银链，链上又系挂大大小小的凤凰、鱼儿之类造型的银牌与铃铛。冠戴头上，链牌垂至胸前，遮掩脸庞，行来摇曳，叮当作响，寓意“凤凰带仔又带孙”。银凤冠是畲家女重要的陪嫁物，已婚畲家女逝世时还得再次戴上它。

畲族富有特色的传统银饰还有许多。

银笄，俗称“髻簪”，一对两片，厚约0.5厘米，宽约1—2厘米，长20厘米。用于畲家少女笄头，压于发髻两边，如两片相连的垂叶，上錾凿花纹。

银头花，是福安东部山区畲女富有特色的发际装饰品。插于发上，为银饰之珍品。婚礼用的头花，三朵一组，上镂人物、动物，制作精细。还有一种“金针花”，形体细长，末端连五朵小银花，内装小铃铛，颇为别致。

银扁方（簪），俗语“银板插”，长约12—19厘米，宽约2—4厘米。两头稍宽，中间略窄，曲柄呈“S”形，形如目鱼骨，勺中突起，沿边黎刻花鸟纹，柄端造型为灵芝或为云头，扁方。有两种尺寸：大者长约19厘米，最宽处大约4厘米，最窄为2.5厘米，旧时用“七钱三”银元1枚（约26.8克）锻制而成，为妇女所用；小者长约12厘米，最宽处2.2厘米，最窄处仅只有1厘米，为少女所用。

银耳坠，器型如翻转的“？”号，形如耳环，美感独特。其分大奶头型、小奶头型二种。大者如手镯，为已婚妇女所戴；小者是大者的三分之一或二分之一，为少女们所佩。

银耳牌，近耳处为曲形钩，银牌垂其下，系福安东部山区畲家少女所佩戴。

花篮牌，是畲族常见的胸饰。器型为“花篮盛牡丹”，据说其花篮指蓝采和（八仙之一）所持宝物，花篮内盛的乃“神花异果”，广通神明；造型组合象征“花开富贵，吉祥如意”，喻示安康富足的幸福生活。于是，银花篮牌渐成为畲族女性在民族传统节日中必不可少的饰物之一。

九圈镯，因镯上扣有九圈而得名。镯面錾刻细致，多以凤凰、吉祥花草为题材。手镯为推圈，可根据戴者手腕大小活动调节。打造一副银镯通常要用到两块“七钱三”银元。

银戒指，有梅花、八卦图案和“福、禄、寿、喜、宝贵”等字样。靠近宁德、霞浦一带畲族的戒指还有两支银链系着小铃铛，走起路来叮当作响。

银腰带，用轻薄如纸的银箔打造，一般分上下两层，用银链串联，固定于腰间。银链上多以梅花瓣和福禄字样的银牌相连，底层银链上缀挂各类祥鱼、狮子等吉祥物。畲民认为银腰带象征凤凰的尾巴，而周身银器的叮当作响好似凤凰的鸣叫声，是能给畲家女带来幸福的吉祥物。

银扣，分为银扣及带链银扣两种。普通银扣一般用于对襟上衣，常见的扣形有双球扣、铃铛扣、梅花扣和金瓜扣等，图案有八仙、吉祥花卉、福禄字样等。带链银扣主要用于左大襟的服饰，直径约8厘米，呈左右半圆银片，一般扣系在胸前，颇有装饰感。

银长命锁、银十锦镯与银帽饰的使用习俗与当地汉族大致等同，不再赘述。

畲族银器（饰）纹饰造型，有神仙将相、才子佳人，有花鸟草木、蜂蝶虫虾，也有龙凤祥兽等等，多种多样，工艺精细，形象活泼。它展现了畲族人民勤劳勇敢、热爱生活的性格，也体现了工匠艺人的聪明才智和艺术天赋。

总之，器型独特，纹饰精美的畲族传统银器银饰是清亮的民族艺术音符，承载着畲家儿女美满幸福的执着愿想，代代相传。

旧时畲家银匠多是挑着“打银担”，跋山涉水，走村串乡，为畲民服务到家。

三、银器银饰的锻造工艺

传承中华民族非物质传统文化遗产，福安本土畲、汉两族的银器银饰手工锻造工艺是相同的。

畲、汉银匠锻造银质器物常用的器具相同，即坩锅、铁钳、风箱炉、铁砧、铁钟、坯钳、凿、铁黎、镊子、专用银桌、胶板、锉刀、铜锫、铁墩、吹筒、油盏、砂纸、尺、剪刀等。

畲、汉银质器物锻造工艺相同，即以“操、凿、起、解、披”五大技艺为核心，分为30多道大小工序。概而言之，可归结为如下六大程序：

设计构图 依据客户对所需锻造器具的具体要求，构想器型、纹饰，设计图纸，估算锻造银料约数，备料。

熔炼范铸 将银料放进坩埚加热熔化成液，再注入槽具冷却成坯（即银片、银条、银丝等毛坯）。银坯的品质取决于银料的模铸过程，因此在熔炼过程中要严格控制银料的液化温度、槽具温度，以免银料内部产生蜂窝等缺陷。如遇到银原料干燥时，熔银前需在坩埚里放少量的食盐；如熔炼后的银坯表面有污物，则必须将银坯进行酸煮，除去表面的助溶剂或氧化物等。

锤揲成形 将处理干净的银坯进行锤打，通过锤打使银坯逐渐薄化、硬化，经退火处理加工成薄片；锤打银坯，用特制的拉丝钳、拉丝板拉出所需形状线丝。根据要制作的器具种类将银片剪切出需要的大小，一般需预留出比实际需要大一点尺寸，以备后续可能出现的小调整。如果制作的器具较大，则需趁着银料未变冷时，开始锻打，将银坯按设想成型。

黎花雕刻 黎花，俗称“雕花”，是整个工艺中最关键的步骤。用黏结剂（配方：沥青、碗粉、树酯等）把已处理的坯件固定于台架上，取相应的特制錾头（有一字錾、梅花錾、弯錾、退錾、斜刀錾、丝錾、钉錾、珍珠錾、磷錾、叶錾、束錾、三角錾、斜凿錾、双条錾、平錾、踏錾等，依各工匠的使用习惯选定）进行凸花工艺雕刻：先采用压印凸花、锤雕工艺使图案层次分明，继以解、起、凿、雕等錾刻方法处理细部，再选

珍珠錾、美丽錾等修底。坯件雕刻好后，从黏结剂中取出，退火酸煮待用。平雕阴刻、镂空雕刻等工艺流程与此相似。

焊接镶嵌　焊接，即在银饰即将制作完工前，对银饰各部件进行耐心的组合拼接。拼接时，应先将雕刻好的部件按设计要求依次用铁丝固定，根据部件和焊接缝隙大小适当地撒上焊沫、点些焊粉、堆加焊粒，而后控制火焰、加热焊接。其间包括藏焊、外焊两种方式。接头有无焊痕，是检验焊技水平的标尺。熟练的手法、助熔剂的选用、物件温度的控制都会直接影响焊接的最终效果。

镶嵌，拉出的线丝（可细如毛发）运用花丝和点錾技艺，按设计要求交互运用填丝、累丝、炭丝、穿丝、搓丝等工艺，以及在银片上錾出点、线、面雕刻图案组合而成各种坯件。运用磨锉、刀、镊子等工具配合错、包、镶等技法，使线丝与各种片坯结合。镶嵌时所用的材料有玉石、翡翠、玛瑙、珍珠等等。

整洁处理　银器银饰焊接完整后，用各种锉刀、砂纸、布轮等，由粗至细进行修整、抛光。为了使银器银饰色泽光亮，还需要给它们进行除污去垢处理，俗称“洗银”。一般的做法：先给制成的银器银饰涂上一层硼砂水，用木炭火烧去附着在银饰上面的氧化层；再放进紫铜锅以明矾水溶液进行烧煮，继而用清水洗净，铜刷刷洗清理，再退火；用乌梅水煎煮三次，铜刷刷洗退火，低浓度的明矾水溶液再煮一次，清水冲洗完毕；最后用玛瑙刀修光达到亮光、亚光、半亚光效果。另外，也可用漂黄上色技术，通过姜黄、绿矾、硼砂等中药配制溶液煎煮，使之表面呈黄金光泽。至此，一件完整的银器（饰）便呈现在人们的面前，光彩熠熠。

附：“操、凿、起、解、披”技术要领

操——即操形，也就是银坯熔化后操入模具的程序；

凿——运用多种金属凿具将余角料剔除和高低不平处进行加工处理的过程；

起——将基本成形的初制品从胶板模中取出和制品局部挪移形变的过程；

解——即用錾刀等工具将初品按各种图案雕刻成型的过程；

披——即披花，即在“解”的基础上，为准成品进行錾花雕刻的过程。

四、银质器物锻制工艺的“申遗”成果

“银饰锻制技艺（畲族银器制作技艺）”项目于2011年5月23日被公布为第三批国家级传统技艺类非物质传统文化遗产，保护单位为福安市珍华堂畲族银器技术研究所。

“银饰锻制技艺（畲族银器制作技艺）”项目于2019年11月20日被公布为第三批（县市级第一批扩展项目）传统技艺类非物质传统文化遗产，保护单位为福安市山哈畲族文化研究发展中心（新增保护单位）。

“银器锻制技艺（福安）”项目于2022年2月15日被公布为第七批宁德市级传统技艺类非物质传统文化遗产，保护单位为福安市玖玖工艺品有限公司。

福安畲族医药

钟隐芳

一、福安畲族医药的特点

畲族医药是祖国传统医学的一部分，有着悠久的历史和鲜明的民族特色。它是畲族人民从几千年来与疾病做斗争的实践中总结出来的，尽管尚

未形成完整的理论体系，但有它独特的疾病观和疾病分类法。

畲医认为人的生命由心、肝、肺、脾、肾、胆六脏的神来主宰，通常简称为“六神”，认为人体有26骨节、72筋脉、12条血路、28脉，人的生命是依靠气血筋脉来维持的。人体气血旺盛、筋脉畅通，生命活动就正常，身体就健康；若气血不足，命脉不畅，人体就虚弱；气血衰弱、筋脉滞阻，人体就生病；气竭血枯，筋痉脉止，生命活动就停止。畲医用药也遵循中医四诊八纲、辨证施治的理论，以及“寒者热之，热者寒之”的基本法则。一般认为，畲族医药有如下主要特点：

祖传医术。畲医大多数是父教子、子传孙、代代相承。多数没有文字教材，而是口传心授、耳提面命，以实践经验传教医技。畲医大多是亦农亦医，也有少数悬壶售药，设堂诊病。畲医能分辨特殊脉象，这叫症脉合参，以辨病症。畲医只讲阴阳，不分五行，后来逐渐吸收中医诊病，也重视切脉，运用四诊八纲，辨证论治。

专科性强。多数畲医具有一技之长，擅长运用单、验方治疗疾病。民国时期福安畲医中就有以独特的医技而负有盛名的四大名畲医，如坂中白岩下蓝银妹（1907—1992）治疗妇科，擅长治疗不孕症；穆云显坑村钟晋金（1913—1979）擅长骨科；康厝老虎坑钟玉履（1926—1993）治疗小儿风症；溪尾帕岭村钟成瑞（1930—1991）治疗喉科等。至今仍有不少病人慕名登门，向他们的传人求治。

擅用青草药。畲医治病多数采用青草药，据资料记载有300多种。应用草药多数是随用随采的原生药，也有按季节采集经过粗加工后备用，少数还烧灰存性。青草药多用全草，也有只用叶、茎、花、果、根、皮等部分的。

独特的疾病命名观。畲医把疾病分为寒、风、气、血和杂症五大类，每类又根据症状分为72种，但多数不能一一列举病名，仅个别可以说出全病名。畲医疾病的命名多根据症状而取，少数病名与中医病名相似，但内涵却不太一样，有其独特之处。畲医对疔疖疮痈多以发生部位而命名，如长在风府、哑门穴处的称“对口疮”，长在下处的称“羊胡须”或“老虎须”等。

特殊的疗法。畲医治病有独特的方法，常有立竿见影之功效。根据《畲医药学》的资料，叙述如下：

治疗“痧”症。畲医把中暑、感冒以及周身不适等都称为“发痧”，把“痧”分为寒痧、迷痧、黑痧、绞肠痧若干种，采取抓痧，刮痧、捏痧、挑痧等疗法，把“病邪放出去”，所以也叫“放气”。畲医的捏痧、抓筋、挑痧、刮痧注重部位，不讲究穴位；讲究手法，轻重有别。方法简便易行，经济实效，有手到病除的效果。

针刺疗法。畲医针刺疗法与中医的针灸不尽相同，注重部位而不讲究穴位，多用三棱针。医者斜扼银针，中指挟着针尖，露出半米粒长，在一

定部位上挑针。

草药接骨。畲医接骨的方法是手法复位，小夹板固定（小夹板用鲜杉树皮、小竹片、小木片），草药外敷，有的还内服草药。

二、近现代福安的畲族名医

蓝隆森（1872—1974），男，行医60年。他是福安市下白石亨里村人，世代行医。其父蓝宗住1874年生，祖父蓝陈木1850年生，曾祖父蓝林祥1813年生，均为医生。其原学医于赛岐苏洋村刘氏痘科，得泰顺人之秘传。特长中医内科治疗伤寒，少时继承祖业，悬壶疗疾，后潜心学习《伤寒论》《金匮》等经典医书，在治疗用药上有独到之处。徒弟有阮子骥、陈品莹、何福如、钱日贤、刘振声等人。其子蓝石全1935年生，孙子蓝木明1957年生，现在下白石亨里村卫生所行医。

钟聚旺，生于1889年，秉承祖上青草药之业，其医术源于祖父钟长盛（生于1841年）学自浙江省泰顺县的一名医生，后又跟“南京婆”学喉科。钟聚旺为福安市溪尾帕岭村人，特长喉科，擅治口腔、咽喉部的各种类病症，自配喉科药散，自制银制手术刀切割脓肿，治法独特，以内服中草药为主，局部吹药或含药。传至钟成瑞为第四代，现已传给其孙子钟应全、孙媳邓玉凤。

钟廷志，生于1908年，福安市溪潭兰田村人，行医70年。跟随其父亲钟益善学医，特长治疗瘰疬，治法上以内服消瘰汤，外用灸法，擅长炼丹及配制膏药配合中药内服治疗。足迹遍布福安、宁德、霞浦、周宁四县，颇有名望。医术自浙江省泰顺一医生传授，祖上在罗源某医门下拜师学艺，传人钟锦堂、钟清仍在兰田村行医。

蓝银妹，生于1908年，行医60年，福安市坂中仙岩白岩下村人，特长青草治疗妇科病，主治不孕症、闭经、习惯性流产。自述五代前南京有位女青草医（号称“南京婆”）将医术传授给其太祖母蓝二妹（生于1825年），祖母吴光妹（生于1881年）继承从医。蓝银妹于16岁起跟随祖母学医，以妇科为主。现已传给其子钟石秋，在岩下村行医。

雷晋金（1913—1979），行医50年，福安市穆云乡燕坑村人，擅长治疗骨伤科，以手法复位，小夹板固定，敷以中草药，治疗骨折。相传其曾祖父从一猴子接断藤而得其术，后又得到“南京婆”的指教，后传其侄儿雷伏波。

钟玉履（1926—1993），行医48年，福安市康厝乡金斗洋老虎坑村人，主治小儿风症，称著于福安、周宁一带。专用中草药治疗配合银针，旨在疏通经络气血，用药量轻，意取“轻灵”。自述五代前求学于“南京婆”，太祖母本姓亦，系南京人氏，太曾祖光顺，曾祖福兰，祖学锦，父品佺，至玉履为第五代。现已传授给其子第六代钟铃生，在当地行医。另有传人钟雨顺行医30多

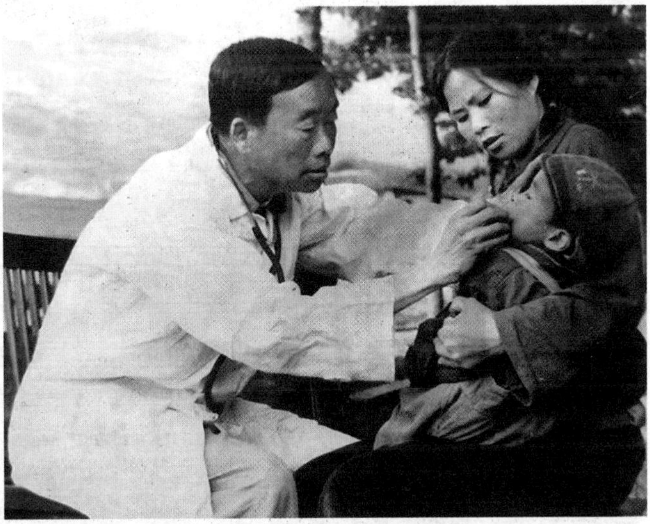

畲医钟成瑞工作照（原载《丁钧华作品藏品选》）

年，负有盛名，现已传钟铃锋、钟铃华，在福安市街尾行医。

三、福安畲族医药的保护和传承

改革开放以后，畲族医药得到前所未有的重视和发扬。

2008年，福安市成立全省第一家畲医药研究发展中心，出版《福安畲医畲药》，整理畲族单验方2350多条，其他食疗药膳方、畲族独特疗法数百条（种），建有畲族医药展示馆和体验馆各1个，畲药生态园基地8个，畲族医药文化服务中心4个。现有非遗传承人省级1人，宁德市级3人，福安市级6人。

钟隐芳，女，1949年12月生，第五代传人，福安溪潭兰田村人，擅长用青草药治疗腹部炎症、药膳养生等。2008年，牵头成立福安市畲医药研究发展中心，担任主任至今，是畲族医药（福安）省级非遗传承人，主编《福安畲医畲药》一书，整理畲族单验方2350多方、食疗药膳方100多方，畲族独特疗法、畲族民间青草药330多种，填补中国畲族医药彩色图谱的空白，并于2014年、2019年分别获得中国学术著作二等奖、科技部批准设立

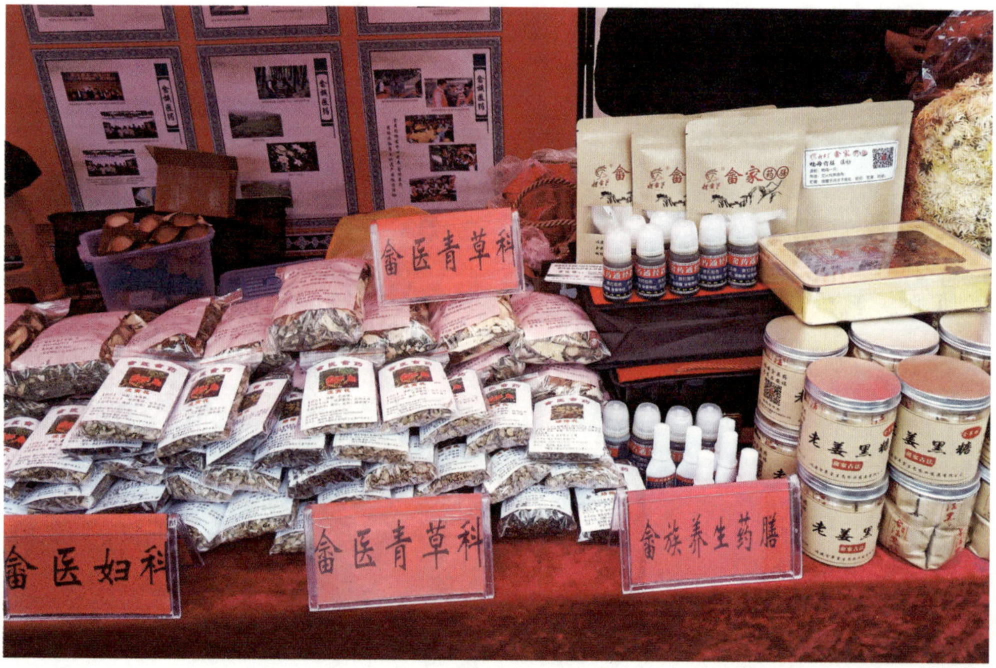

的中国民族医药著作奖一等奖；2010年至今，分别被列入中国民族医药学会，协会理事、常务、智库专家和中国民族医药学会畲族医药分会副会长；2011年，被列入畲族医药宁德市级非遗传承人；2017年，被列入畲族医药省级非遗传承人；2019年，被聘为福建省畲医畲药协会名誉会长；2019年，为福安市第一届特支人才；2020年，获第二批宁德市特批人才（文化名家）；2021年，任中国民族医药协会畲族医药分会创会会长和名誉会长。2021年，牵头申报的“闽东畲药乌饭树的开发与利用”项目，获“中国民族医药协会科学技术进步奖”二等奖；同年申报的“畲族医药（福安市）”项目，获“中国民族医药学会科学技术奖发掘传承奖”三等奖。

钟清，男，畲医第五代传人，福安市溪潭兰田村人，特长治疗瘰疬，治法上以内服消瘰汤，外用灸法，自制丹膏药散敷贴，在闽东享有盛誉。2011年，被列入宁德市级畲族医药非遗传承人；2019年，被聘为福建省畲医畲药协会副会长。

钟石秋，男，畲医第五代传人，福安市坂中仙岩白岩下村人，特长青草治疗妇科病，善用草药治疗不孕症、月经病、产后病等，在当地颇受欢迎。2017年，被列入福安市级畲族医药非遗传承人。

雷伏梅，女，畲医第五代传人，1970年生，福安市穆云乡南山村人，擅长用青草药治疗妇科疾病。2017年，被列入福安市级畲族医药非遗传承人。

钟铃锋、钟铃华，男，畲医第七代传人，福安市康厝乡金斗洋老虎坑村人，特长小儿科，主治小儿风症，称著于福安、周宁一带。专用中草药治疗配合银针，旨在疏通经络气血，用药量轻，意取“轻灵”。他们分别于2017年、2018年被列入福安市级畲族医药非遗传承人，钟铃锋2019年被聘为福建省畲医畲药协会常务理事。

雷金全，男，畲医第五代传人，福安市穆云乡燕坑村人，擅治疗骨伤科，以手法复位，小夹板固定，外敷中草药，治疗骨折。2018年，被列入福安市级非遗传承人。

雷木仔，男，畲医第五代传人，1973年生，福安市社口镇仙岭带人，擅长银针挑刺治疗伤寒：把脉确认伤寒症状，针对不同症状在对应的穴位使用银针挑刺，再配合畲药治疗，达到疏通经络活血、治疗伤寒高烧、寒邪、风湿等各种伤寒疑难杂症。2018年，被列入福安市级畲族医药非遗传承人。

钟铃华，男，畲医第七代传人，福安市康厝乡金斗洋老虎坑村人，特长小儿科，主治小儿风症，称著于福安、周宁一带。专用中草药治疗配合银针，意在疏通经络气血，用药量轻，意取“轻灵”。2018年，被列入福安市级畲族医药非遗传承人。

雷金兴，师从父亲，擅长治疗肠胃疾病、腰椎、颈椎、痔疮，有40多年的从业经验，主要运用畲族青草药熬成汤剂内服，有些疾病和食疗进行搭配治疗，效果显著。

钟幼雄，男，畲医第五代传人，1971年生，福安市坂中畲族乡赖头村人，擅长用畲族青草药治疗跌打损伤、口腔溃疡、咽喉肿痛、扁桃体炎等。2019年，被推荐为中国民族医药学会科普分会理事。

钟应全，男，邓玉凤，女，畲医第五代传人，擅治口腔、咽喉部的各种类症，及脓肿、血泡、息肉及白喉等，自配喉科药散，自制银制手术刀，切割脓肿，治法独特，局部以吹药或含药治疗，疗效显著，有“治哦先生”之称。

畲族传统服饰

雷瑞华

畲族传统服饰，不但是畲族人民现实生活中遮体御寒的必需品，而且还是畲族人文精神和民族审美观的集中体现，也是畲族区别于其他民族的重要外部穿戴特征之一。它同其他民族服饰一样，也经历了一个由简至繁、由实用到美观的发展过程。早在汉晋之际的文献中，就有关于畲族先民“织绩木皮，染以草实，好五色服”的记述。清光绪《福安县志》记：畲民“短衣跣足，妇人高髻蒙布，加饰如璎珞状”。畲族先民长期垦荒畲田，生活在山清水秀的乡村，因此，畲族服饰的底色素尚蓝、黑（青），面料以纻布为主。男装相对简朴，平时穿大襟，圆领青色麻布短衫或长衫，领口、袖口和襟边镶花边，口袋上绣花，下着直筒便裤；女装重彩绣，色彩鲜艳，再配上富有特色的发式，就是完美的“凤凰装”。由于地域的差异，闽东各地“凤凰装”可分为福安式、霞浦式、福鼎式、罗源

日常平装

节庆盛装

式。福安式流行于福安和宁德（蕉城）的大部分畲族乡村。

本文主要介绍福安式畲族传统女装，尤其是畲族女性上衣的制作。

福安畲族妇女上着黑色大襟衣，衣领处绣马牙花纹，下穿黑色长裤，足登方头黑布厚底鞋；腰系围裙，围裙上端两角绣有花纹，结婚时穿长过膝的花边衫；发冠上饰有一块圆银牌，牌上悬挂三块小银牌，垂于额前，腰扎彩带，脚穿花鞋，佩戴各种银饰。

畲族女上衣的款式为开襟右衽式，绣的花芽分为“里的衫”（畲族方言，下同）“三步针衫”“副牙衫”和“靠仔衫”四种。“里的衫”和“三步针衫”“副牙衫”款式一样，工艺不同。

“里的衫”做工最为简单，没有绣花和镶边，主要作为平时野外劳动时穿用，只是领口和门襟用红色斜布条包边，袖口的里外和两边的“衫岔”开口处，缝上一条三厘米左右宽的红布条裹边；服斗缝制半个红色方形，也不用刺绣，肩膀处的里层缝订一块正方形的红布，称作“替肩”，据说服斗的半个红色方形和肩膀处里层的正方形是上古高辛帝敕封时盖的“金印”。

“三步针衫”相对“里的衫”做工细致些，因为它是居家穿的。整条衣领上下边沿用红、黄、绿三种颜色的花线，绣上马牙花纹，在衣服底层再用黄、绿、红三种颜色的布条与白色布条交叉叠上，衣领中间也用红、黄、绿、白四种颜色花线绣上“米”字形符号一排，服斗的半个红色方形也有绣花。

“副牙衫”（畲族方言）做工最为讲究，只有在少女出嫁时，做一两件作为嫁衣，平时较少穿用，只有做客和重大礼仪活动时穿。“副牙衫”的衣领中央，用红、黄、绿三色花线绣上花蕊等图案，花蕊的边沿再用两条白线打结成一条白线来裹边。右边衣襟先用红、黄、绿三色花线绣上马牙花纹，再绣上花蕊，边沿再用两条白线打结成一条裹边，然后用红、黄、绿、白四色布条交叉叠上，再裹上红布条，服斗的半个红色方形中央处绣上些精致的花草。

“靠仔衫”类似马夹，由两层黑色棉布做布料，其胸前左右两边都用红、黄、绿三种花线刺绣着花蕊，再用红、黄、绿、白的小布条交叉叠上，其工艺与“副牙衫”相同。这种“靠仔衫”是少女出嫁时，父母专门做给女儿的嫁衣，必不可少，喻义女儿婚后早生贵子，传宗接香火以及生子防老。“靠仔衫”尺寸宽大，偶尔穿用套在外层。

制作好一件精美的畲族传统服装，不仅要有多年的实际制作经验，还需要熟练地掌握量体、备料、裁剪、缝制四个步骤的工序。尤其是裁剪、缝制两个工序，深具技术含量。

现以制作畲族女性上衣为例，在做好量体、备料的前提下，先在制衣台上标好所要制作的该女性上衣的尺寸，检查所标尺寸准确无误后，着手用剪刀裁剪，先裁剪胸前右边的一块，裁剪时布面应朝上，这块布剪下后，再把没剪的布叠成两层，留出袖口宽度后，把已剪好的胸前右边一块成形布叠在上面，依图量好尺寸，剪出左边一块，再把剩下的布料也按双

层叠起，将已剪好的左边一块叠于上面，来剪出右边一块。由于这种衣服左边与右边的胸前、背后是连体，不可把它分成两块。裤子不论男女皆为直筒式，裤筒大，裤脚小，且裤头都要接上一块15厘米宽的布做裤头，穿着时用白色带子做腰带。这种裤子主要由三块布缝成，畲家人称“上裤头”或“圆裤头”裤。裤头与裤身接缝处不是平整的，裁剪时裤身要高凸出6—7厘米，否则穿着时人体下蹲，背后的裤头会自然拉下去。

缝制上衣时，先缝后背的两块布，接着缝订胸前两块布左右两边扣子边沿，再把各处边沿用小布条卷内缝好，接着在胸前最上方，左右两边中央合璧处剪一个圆孔，把衣领钉缝上。然后把左右两边手腋下边缝合，订上左边上方一个小口袋，下方一个比较大的口袋，另在右边下方与左边口袋平行处订一个比较大的口袋，再订缝上布扣子。缝制女性上衣不同的是，先把胸前右边一块布的花纹刺绣好后，方可缝合到左边胸前，扣子是用小红布条做成，缝订扣子时衣领处为横订，胸前右边上方扣子为竖订，右手腋下用小红布条订着扎缚。

畲族传统服饰具有以下显著特点：

首先它反映出畲族崇尚黑色和蓝色，在服饰上以黑、蓝为主调，显得凝重深沉，庄严朴实。畲族妇女的彩虹式花襟，五彩缤纷，色调和谐，美丽大方，善于运用多种强烈的对比色彩。并以细碎均匀见长，既富于变化又和谐统一，做到多而不杂、艳而不跳。服饰图案的内容和风格往往自由奔放，不落俗套。

其次是畲族人爱美，虽处在经济落后和封闭的生存状态下，仍能利用天然材料织丝线，做染料，制作五彩缤纷的服装。旧时制作畲族服饰的原料是自产自织的苎麻布，并从自种的蓝靛中提取染料，给纻布上色。

最后是闽东畲族传统服饰制作历史悠久，纺线、织布、织带、织锦、刺绣技艺就成了畲族男女必须具备的基本技能。她们制作服装和饰品完全是为了自用，而不受商品需求的影响。

直至今日，我们仍能从其工艺、图案、款式、色彩中发现畲族先民遗留下来的丰富而古老的历史信息，对于研究民族迁徙史和畲汉文化交流史，有着极佳的研究价值。畲族传统服装的比例式裁剪法是我国服装史上最为古老的裁剪方法，畲族传统服饰的刺绣技法是刺绣工艺中的奇葩，服装的色彩分配比例及精湛的缝制技术都对现代服装科学技术的研究与发展有着重要意义。

“闽东畲族传统服饰制作技艺（福安）”，2022年1月29日被列入省级传统技艺类非物质文化遗产名录。

苎麻手工织布

李健民

苎麻是荨麻科苎麻属亚灌木或灌木植物，茎直立，为中国古代重要的纤维作物之一。

苎麻的种植和加工在我国的历史十分悠久。早在春秋时期（约公元前6世纪）就有这方面的记录。《诗经·陈风》：“东门之池，可以沤纻。”沤纻就是浸泡苎麻，是制作苎麻织品的必要工序。

苎麻是多年生宿根性作物，栽种一次，多年收益，而且一年内可收获数次。为了保证苎麻的产量和质量，每过两三年就更换地块，重新栽种。

苎麻纤维细长，具有平滑、质轻、拉力强、吸水性强，染色易而褪色难的特点，是旧时寻常百姓主要的衣着用料。用苎麻织的布称“纻布”，可分为粗、细两种。前者通常用于缝制“粗衫”，供劳动时穿用（直到20世纪70年代广大农村尚且如此）；后者布质相对细软，用于缝制常服。在近代棉织品尚未成为主流之前，人们日常穿着的衣物以及蚊帐、布袋之类基本上是用纻布缝制。

古时福安苎麻种植非常普遍，走进乡村，房前屋后、山坳园边随处可见。明朝闽浙纺织业有了很大的发展，因而带动作为原料的苎麻种植业的发展。冯梦龙《寿宁待志》称：“苎山亦称麻山，一年三熟，谓之三季。富者买山，贫者为佣，中人则自力其地。”现存最早的明万历《福安县志·风俗》收录一首知县孟充写的风俗诗，其中有“百里桑麻雨露余”句。这里的“麻”当指苎麻，孟知县将其与桑并列，可知苎麻在民生中的分量。

由于福安的土质和气候特别适合苎麻的生长，所以自古福安纻布在福宁一府就名列前茅。清乾隆《福宁府志·风俗》：福安“男务耕耘，女勤纂织，故夏布之属以福安为上”。这里的“夏布”就是细软的苎麻布。

福安种植苎麻大多是一年三次，即每年芒种（阳历6月6日前后）、立秋（阳历8月8日前后）节气前后各一次，第三次在立冬（阳历11月7日至8日间）前后。前两次收获的苎麻纤维粗长，适宜织布。

农耕社会，男耕女织。对福安而言，这里的所谓“织”，基本上就是以苎麻打织纻布。这是一项繁杂而艰辛的手工体力活，年复一年，从不间断，主要靠妇女完成。旧时乡村广大劳动妇女，都以能织得一手好纻布为荣。

尤其是畲族妇女，家家有“楠机”（织布机），个个是能手。尽管现今人们已经不再穿着纻布衣裳，但一些畲族村落，如甘棠镇过洋村仍有人在传承苎麻手工织布这一古老的技艺。

手工织造苎麻布的流程比较复杂。工序繁多，大体可分为掰苎、刮皮、破丝、捻线、纺线、抽苎、拉线、织布、漂染等。织布工具主要有苎刀、牵苎架、抽线车（浆线车）、筘板、梭子、织布机、长板凳、竹

竿等。

以下按工序依次介绍：

准备阶段

掰苎。苎麻收割后，去掉叶子，趁着新鲜把茎皮剥下。掰苎时先折断苎条，除去苎秆，再剥下苎皮；然后将适量苎皮扎成捆，浸泡在水中。

刮皮。苎皮浸泡两天后，捞出搁在板凳上，用苎刀（一种长约15厘米的半弧形钢刀）夹上木板，把苎片上的青皮刮去。刮干净后挂在竹竿上晾晒干。

绩纻阶段

破丝。苎皮条晾晒干后用清水泡湿，然后用竹片把苎皮扯成线，用尖长的指甲把它梳扯成一根根细丝。

捻线。把细苎丝用手捻接成纻线。左手抓住纻丝头，右手不停地捻动两根丝，使两根纻丝均匀地缠合成一股线，同时把已捻好的线拉盛于苎笼中。苎笼满后，用竹管将纻线卷成纻线团，作为织布时的经线；同时用约10厘米长的竹枝，单独缠绕纻线，挽成如茧状小团纱锭，作为织布时的纬线。

纺线。也叫“碰纻”，即将捻好的纻线放在纺车上绞紧。每5个线团为一组，放入注水的桶中，各抽出线头，织女通过纺车，把5股细线纺成1股。

抽苎。就是给纺好的纻线上浆。所有的线团分批套在一个架子上，趁晴天把米浆熬成的浆糊（或用薯粉糊）盛入毛竹筒（或用葫芦壳瓶）里，竹筒放在两个抽线车之间，下部开有小孔，以便纻线穿行竹筒时粘上糊浆。抽苎时用辘轳放线，并抽回卷成团。上米浆之后的纻线比较光滑，经过阳光的短暂晾晒，变得顺直柔软，且韧性增强。

织布阶段

拉线。即张经，也叫“兴布”。按所织布的规格，估算总共需要多少上过浆的线团，就拉多长，也称“织几丈布”。拉成350—400条作为织布时的经线，构成纻布的宽度。

经布。将拉好的

经线移到织机上，一头固定在织机架的上方，另一头固定在下方，分为上下两层。织布时，织者坐在织机下方的架板上，双脚分别管制织机下部靠近地面的踏板（棍）。

牵线。这是织布的第一道工序，要将经线按需要的幅宽牵好，分配线团，牵经入筘。筘即筘板，形似篦梳，用竹丝片制成，也叫“花齿”；经线从筘齿间通过，它的作用是把纬线推到织口。纻布的宽度和细密都由它决定。把经线一根一根牵入筘齿，要十分耐心细致，以免织布时经线绞在一起，结成死结。

穿梭。梭子是织机上引导纬纱进入梭道的机件，因形象小船，也称为“船子”。织布时，将花齿推移到上方，梭子从左向右取出，花齿朝下压一下，脚踩踏板一下，把织机的上层线拉到下面，下层线拉到上面；花齿再次上推，梭子从右向左取出，花齿压一下，另脚踩踏板一下，织机上层线拉回下面，下层线拉回上面。整个过程通过左右脚交替踩踏板，带动两组经线上下交错，中间用梭子穿入纬线，并用花齿打压紧密，来回往复，直至织成全匹布。

苎麻布织好后，送到溪河漂洗，晒干，染色。成品就完成了。

传统木帆船建造

李健民

福安修造船舶的历史，可以追溯到遥远的春秋时期。那时生活在长溪流域的先民是古越族的一支，史书上说“（古越人）以船为车，以楫为马”。可见当时的先民不乏造船的好手。先民们只要随意看中了一棵大树，即可“伐木于阪（坂）”，然后“刳木为舟，剡木为楫”。制作非常原始，只需将木材剖开，挖空即成。

福安真正意义上的船舶修造始于三国东吴时期。孙氏政权在三沙湾内设“温麻船屯”，作为造船基地。船屯的温麻港即盐田港，该港位于霞浦西南部、福安东南部间。在这里参加造船的谪徙刑徒和其他北方来客承载着当时先进的造船技术，奠定了日后包括福安沿海沿江在内的闽东造船业的最早基础。

温麻船屯是官办的造船机构，与封建政府政治、军事的需要与否共盛衰。福安沿海沿江的造船业属于民间，适应了社会民生的需要，从而作为传统延续了下来。

一、福安木船种类

传统的修造木船的船寮都是家庭或家族式的手工业生产，兼收雇少量技师或徒工，规模小，设备简陋。19世纪中叶以后，随着内河、近海水运业的日益繁荣，促使各造船寮的规模、技术必须有较大的提升，使赛江木帆船的建造达到历史的高峰。

赛江船寮承造的木船除渡船、舢板、舴艋、刀豆船、龙舟等平底船外，还有许多尖底的木帆船。

木帆船是赛江船寮的主要产品。木帆船主要靠借助风力前进，船上的主要设备有桅、帆、舵、桨、橹、碇及绳索等，橹主要用作调整方向用。

顺风时，木帆船比较好走，速度也较快；偏顺风时，则需要调整帆的方向行驶。赛江造的木帆船包括内河船和外海船。较大的出海帆船都装上小罗盘作为唯一的助航设备。出海木帆船对风的要求很高：风太大了不安全，船不能出航；风小或无风时只好靠摇橹、划桨，遇水浅的溪河还可撑篙，使船缓慢前进；若遇上逆风，必须降下风帆，根据潮水流向作“之”字形路线前进。

赛江船寮修造的木帆船有单桅（小型船）、双桅（中型船），三桅（大型船）。除溪利、溪艚、毛缆等小型木船外，也建造如长艚、里仔、钓艚、墨鱼船、艋艚等中大型的木帆船，作货船或渔船用。1956年福州—温州公路未通之前，长溪航道的溪船东溪可达沙岩，西溪可达斜滩，穆阳溪船可达苏堤。小型的溪利船也叫“鼠船”，载重量仅0.5—2吨，中大型的帆船一般载重量可达30—50吨以上。民国17年（1928），阳头船主黄培英建造的“横海飞”号木帆船达100吨位，经营赛岐往福州、青岛、台湾等地客货航运业务；民国29年，赛岐巨商高而山建造的“永和顺”号木帆船达110吨位，船员18人，成为福安历史上最大的木帆船。

龙骨、底板

赛江民间造船以外塘、长岐两村的船寮最为著名。两村都地处赛江中游，隔岸相望。外塘共有两家船寮，均属苏氏；长岐的一家船寮则属尤氏。此三家船寮旗鼓相当，都有一定的规模。20世纪三四十年代，三家船寮设计、建造的木壳船舶品种达到十来个，共有造船技工七八十人，能建造多种型号的大小木船，订户遍及闽浙沿海。外塘、长岐两村造船人才辈出，名声在外，其中最著名的当属外塘的苏德铨和长岐的尤铃铨，他们的造船技艺在闽浙沿海有口皆碑。外塘、长岐船寮还为闽东沿海其他民间船寮（船厂）培养了大量的造船技师。

据民国28年（1939）档案记载，福安全县有各式溪船524艘，其中外海船37艘。这些木帆船集中分布在赛岐、穆阳、阳头、船潭（今松潭）、社口、上白石、湖塘坂等地沿溪处。

民国38年（1949），甘棠镇有木质帆船46艘，载重390吨，其中外海船12艘，内河船26艘，客运船8艘。外塘、甘坪的12艘沿海运输船“东顺利”“安德利”“金顺利”等，货运量3620吨，周转量196万吨公里，航行于福州、厦门、台湾、琉球、沈家门、宁波、上海、青岛、天津等地。

赛江船寮除了为本港本澳修造大小木船外，也为外地船主定造木帆船。较大型的帆船如“旦仔”“乌艚”“南船”“长艚”等，均应外郡船东之请建造，这些船有单桅、双桅和三桅之分，50吨上下吨位，作远程货运和海洋渔业生产用。

“旦仔”是福建中部沿海的主要船型，也叫丹阳船、福州船、连江船等。该船型的船首较平，船身漆成多种颜色，主要当渔船用。

“南船”是福建南部和广东沿海的主要船型，船首一般漆红色，所以又叫作“红头船”，其余与旦仔的区别不大。

“乌艚”是浙江北部沿海的主要船型，也叫宁波船，船东大多来自舟山群岛。船首两个开角向上昂起，漆成黑色，所以叫“乌艚”；有的因为靠近船首的两边舷帮漆成长条的绿色，所以又叫“绿眉毛”。其他构造、设帆和吨位与旦仔船差不多。

上述外地船型多是大型木帆船。赛江船寮船厂还建造“长艚”“里仔”“四角底”等本澳本郡渔业捕捞用船，其中“四角底”多为霞浦西洋岛和南北礵岛的渔民建造。这些木船平时活跃在闽东、浙江海面跑运输，

隔舱板、“牛头”

“走马”、船底

渔季则到沈家门和官井洋渔场进行捕捞作业。

“毛缆”是闽东本地船，一般100—200吨位，属中型以上运输船，主要航江浙、台湾（旧时从赛岐码头出发，一潮水可抵达基隆）。由于是本地船，需求量特别大。

赛江造船业还派生出许多为木船生产配套部件的工场。民国后期，仅赛岐一地就有10家工场为木船制作竹篷，赛岐还有9家工场为木船打制棕绳，2家打铁铺为木船打制铁锚。[①]以上行业同时也分布在甘棠、下白石等地。

二、木帆船的设计

福安民间的造船技艺和其他地方一样，靠言传身教。旧时造船师傅大都不识字，他们的造船法式和自身体验无法用文字流传，修造过程凭记忆和经验，没有精确的图纸和量度数据。对经验丰富的造船师傅来说，单凭记忆就可以指挥工匠做出一艘小型木船。遇上中大型的木船，主绳师傅（“师傅头”）根据自身的经验和祖传的营造法式，用篾笔在木板上画一个十分粗放的草图，把船身分成前、中、后三个部分，边制作边调整，按照船东的要求，在不太长的时间内把船造出来。

中大型的木帆船包括旦仔、乌艚、长艚、赶缯船等船型，在建造工艺方面都具有传统福船的特征。闽浙沿海岸线曲折，岩礁复杂，且处于寒暖流交错的海区，风向、风力都不稳定，夏秋季节还常常受到台风的袭扰，“福船”就是为适应这样复杂多变的自然环境而出现并不断改进的。简单地说，福船是一种有龙骨的尖底船，船体密实，稳定性好，适合江海航行。

由于受到史料的局限，田野调查和文献参考是了解帆船建造工艺不可或缺的信息来源。下文根据笔者的实地考察，结合赛江造船老师傅的口

① 《福安县赛岐工商业各行业调查》，福安市档案馆藏县工商联档案，1951年“永久1号”。

“乌艚”船模

述[①]，同时参考帆船技术史学者的研究成果[②]，叙述赛江船寮关于木帆船的设计和建造。

定龙骨 木船建造，最重要的是确定龙骨。福船龙骨的两端翘起，因而要先确定龙骨的总长度，再确定它的弯度。总长度根据船的长度决定，按比例分为三段，即船底的中间段和两端的起翘。根据福建民间造船法则，龙骨的交接匙长为龙骨厚度的5倍；龙骨的前后起翘决定龙骨的弯度，其画法为两个叠加的三角形，三角形的高即为起翘的高度。

分舱 根据船身长度，按4：6（前四后六）的比例确定大桅（主桅）位置，确保该位置为接受风力的中心，方便逆风调戗[③]。然后以大桅相对于龙骨的舱位为中心，按船型的要求，确定前面和后面几个船舱的位置，以待用隔舱板分隔。

定船型 船的肥瘦高矮与隔舱板直接相关，隔舱板的形状也就是木船的横剖面。根据船型的特点，先确定龙骨舱位隔板的面宽、底宽和高度，然后以此为基础，计算其他部位隔舱板的尺寸；基本船型就此确定。隔舱板上阔下窄，上抵两梁，下抵船底板；左右分别与两舷船身板的内壁相

① 讲述人：赛岐镇长岐村尤文炳、尤长荣等。

② 参考文献：杨熹《中国木帆船建造技术简介》，《海交史研究》2009年第1期；许路《清初福建赶缯战船复原研究》，《海交史研究》2008年第2期。

③ 调戗（qiāng）：调整船头方向，把当头逆风转变成侧斜风，推动船只呈之字形前进。

接，用于加强横向强度，并且分隔水密舱室。面梁又称梁头，为安于隔舱板上方的横梁，用于加强横向强度，以及承受甲板上工属具和船楼的重力。

工属具的设计　木帆船的工属具包括桅、帆、桨、橹等推进工具，舵、磁罗经等定向工具，碇（石制的写作“碇”，木制的写作“椗”）、锚等靠泊工具。船型和船的长、宽、高（深）确定以后，根据既定比例，工属具的尺寸及形状、数量也随之确定。

桅杆的设置至关重要。根据船型大小可以设置1桅（3—5吨位）、2桅（10—20吨位）、3桅（30—50吨位）。以三桅船为例，居中者为大桅（主桅），大桅前为头桅，尾桅设在船尾的纵向中线上。大桅的长度为船宽的4倍，头桅和尾桅的尺度都小于大桅（头桅长约是大桅的0.6—0.8）。大桅略向后倾，倾角在3°以内；头桅向前倾，倾角为10°至30°，头桅与大桅的间距以挂帆驶风时互不干扰为度。桅杆的选材要求严格，如桅杆长9丈，必须选用杆头周径7尺、杆尾直径7寸的大杉木制作。

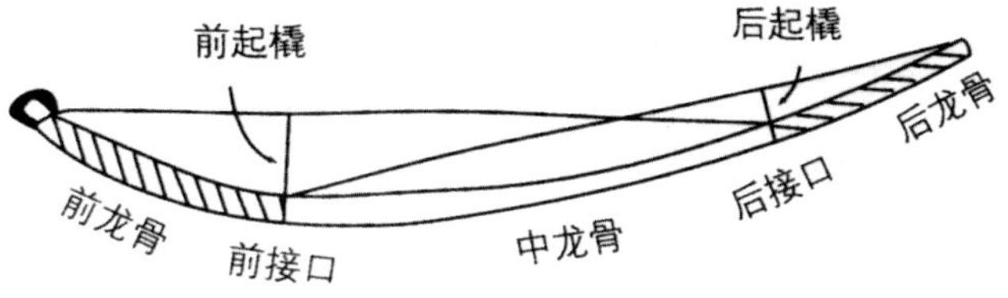

龙骨设计图例

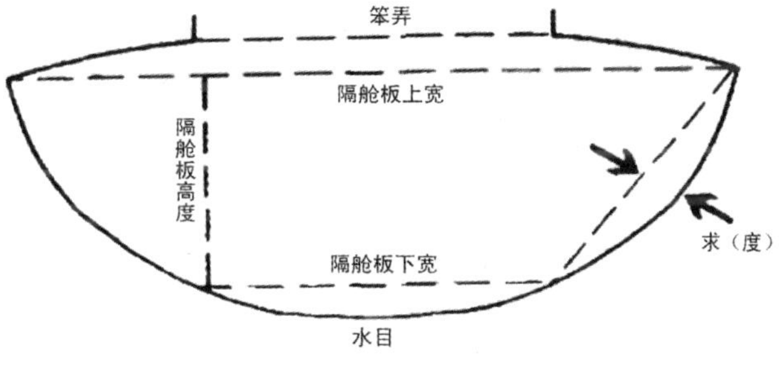

隔舱板图例

不同船寮造出来的木帆船不完全相同，这主要是缘于该船寮的主绳师傅的设计和把控。比如20世纪后期外塘苏氏船寮建造的100吨级木帆船，船体长7丈、宽2丈、深8尺，盖上6尺，舱底至盖顶1丈4尺；同时期其他船寮建造的相同吨级的木帆船，具体尺寸与外塘船可能不尽相同。

三、建造工序

赛江各船寮建造木帆船的工序大致相同。一般地说，都是先从下做到上，从外壳做到内里，各主副大小部件相互提协又相互依靠，构成一个牢固的整体。整条船的设计和建造都由主绳师傅主持，根据船主的要求，决定船型、尺度、用料、取材等。不同船寮的主绳师傅各有一套自己的经验和代代传承的营造法式，在设计中一律用长度来表示，并且不用角度。他们使用的工具几乎完全一样，都是木工必备的传统工具，如锯、斧、刨、凿、钻、墨斗、鲁班尺等。

下面以典型的木帆船为例，分步介绍传统的基本建造工序。

做龙骨 首先根据船型的要求把龙骨加工好。加工龙骨最要紧的是按设定的前后起翘尺寸，将龙骨的三个部分牢固地连为一体。然后摆上工作架，确保龙骨端正，这叫作“定稳”。龙骨用杂木制成。工作架要离地面数十厘米，以便工匠作业。定稳后，按主绳师傅的设定，先钉龙骨翼板（紧靠龙骨两边的底板），再安装矮梁，矮梁用杂木制作。

安装隔舱板和“牛头” 按设定的尺寸先将所有的隔舱板预制好，然后分舱定闸，即将隔舱板逐一用榫卯固定在指定的龙骨位置，并确保各隔舱板的垂直和平行。隔舱板又叫大梁，用一寸多厚的樟木制成。同时在矮梁两端装上“牛头”（即“肋骨”）。

钉底板 用杉木板条包装船的底壳。从最靠近龙骨的位置开始，向两边将底板钉在隔舱板和矮梁外面。船底和船侧的弯曲部位称为“舭板”，木料比其他部位厚实；先钉上舭板，然后填塞舭板与龙骨侧板之间的空余部分。这一道工序技术含量很高，既要保证杉板接缝紧密，又要确保弧形立体造型。同时安装已经做好的船首冲浪板（尖头船无此安装）。

安装船舷 底壳钉好后就安装船舷，以完成船的整个外壳。在两舷平行钉上“走马”，走马钉在隔舱板和牛头的边侧位置上。走马用长条杉木对开锯成（大型木船还有七三开取“七”用的），视木船的大小，每边船舷排列2—5道走马不等。然后紧靠走马上方钉“坡板”，最后在坡板上装压条，安装两舷的缆桩；压条用椿木制作。新船下水前要用米汤调和蛎灰粉涂刷外壳，以防虫蛀。

钉斗头、安内梁　“斗头”是船头冲浪板上方的横梁和两侧“龙湫”，必须十分坚固。同时铺设舱内垫板，安装各舱梁拱，安装船尾的燕尾板、承舵座、厕位板等部件，使船身定型、牢固。为了提高船身的稳定性，出海木船的舱底还要加压舱石。

甲板工程　甲板工程的内容丰富。先铺设左右两边从船头到船尾的厚杉板，加固船身，再用杉板铺钉剩余部位。根据不同船型的特点，在指定位置安装锚车、帆车，各舱口的梁、盖、水枧，船后的生活间（船楼）、船尾的舵等；安装好各桅杆座（夹耳），以备竖桅杆。

安船眼　船体做好后，就在船头两舷安一对船眼（以樟木制就，小溪船一般不安装）。船眼也叫“龙目”，商船眼睛朝上，以期看清财路；渔船眼睛盯着海面，希望能多多捕鱼。昔日船户视船为“木龙”，据说安上眼睛后木龙便有了“灵气”，所以安船眼必须择吉日进行。

立桅　又称“撞桅”，是至关重要的一道工序。木船下水前将桅杆放到船上，安在夹耳位置。下水后，在主桅师傅的指挥下，先用两根长杉木交叉搭成剪刀形的架子；然后用苎麻绳捆住桅杆，将桅杆随架徐徐竖起，使之与甲板保持垂直平衡，并对准夹耳中间预先凿好的圆孔。这时桅杆离甲板的高度是否准确是决定撞桅成败的关键。就绪后，主桅师傅喝令砍断拉桅杆的麻绳，让桅杆以自身重量穿过甲板坠入舱内，确保桅杆头离舱底20厘米左右（视船的大小调整

桅杆座与“夹耳”（模型）

桅杆与风帆（模型）

高度），绝对不能碰到舱底。然后把桅杆固定在夹耳中间。

绑帆治缆　桅杆立好后，开始绑帆和安置缆绳。古时候出海木帆船的帆用藤篾编织，其状如席。近代木帆船的风帆都用帆布制作，矩形，分段落绑上竹桁，然后挂在桅杆上。桅杆末梢安上滑轮，通过绳索控制风帆升降。风帆安好以后，木船便可以顺风调帆。除风帆外，船上还要准备橹、桨、篙等人力驱动装置，以便在无风时使用。

20世纪60年代以后，随着社会生产力的发展，机器动力逐步普及，传统木帆船也随之发生变化：先是变成木壳机帆船，有风驶风，无风开动机器，大大减轻了船工的劳动强度；再后来木船不再竖帆，完全变成机动船。

四、水密隔舱

水密隔舱是中国古代在造船技术方面的一大发明。

所谓“水密隔舱”就是用隔舱板将船舱隔成若干个小舱，每个小舱彼此密隔，互不相通。这种将船身分割为多个独立部分的结构方式具有许多优点，至今仍为现代造船业普遍采用。

采用水密隔舱建造的木船在航行中即使有一两舱破损渗漏，进入船内的水也不会流到其他船舱，因而不至于全船沉没，还可以在继续航行的情况下进行修补；大大增加了航行的安全性，同时也便于货物的分舱储存。由于隔舱板与船壳板紧密钉合，增加了船只整体的横向强度，具有加固船体的作用。

斫麻丝

拌油灰

嵌塞板缝

艌填舱隙

隔舱板的最低处还留一个过水的“水眼”，平时用木塞堵上，保持舱室水密；同时在船底最低处设一小积水舱，一旦发生漏水，水即流入积水舱。这样，就可以随时发现漏水，便于及时排除。

有学者认为，早在温麻船屯时代，闽东的造船先驱们就已经掌握了这种技艺，“温麻五会船”（五板合成的船）就是采用“水密隔舱”的技术建造的。到西晋初期，温麻船屯能造具有8个水密隔舱的大木船。[①]这种结构方式后来成为福船的基本特点之一。历史上福安沿海沿江各船寮建造的木船都是采用这种技术，一直传承至今。

为了确保木船水密，必须对船体进行艌缝，这道工序的质量要求很高。先是艌塞板缝：将苎麻丝斫成小段，用钝凿将苎麻丝絮嵌塞到所有的船板合缝处。然后是艌补船隙：用桐油与石灰按一定比例调拌，再加麻丝

---

① 资料源自山南枫飘《福建古代先进的造船业》。

（也可用棉絮）调成油灰，将船体内外所有部件的合缝和船板的天然节疤填补密实，一定要使船壳及各舱完全水密，确保不漏水、渗水。

水密隔舱技术自古在中国就非常普及。明代宋应星《天工开物》一书对这道技术有清楚的描述，这部书后来被誉为17世纪中国科技的百科全书。

随着铁壳船的普及，木船的订单越来越少，水密隔舱技术的运用也不断减少；一些传统船寮在20世纪80年代以后就逐渐不再造木壳船。但在福安，至今依然有人坚守着这一传统工艺，其中以溪潭镇沙岩传统造船村的造船人最具代表性。

六屿船寮的老匠师郑文祥对木帆船建造技艺情有独钟。1970年，他利用业余时间制作过一艘长约50厘米、宽约10厘米的大轮船模型，并在这艘船模内部安装了小型马达，使模型船还可以在水中行驶。退休以后他更是乐此不疲。2006年，他按300：1的比例制作一艘乌艚船模。该船模长150厘米、宽33厘米、高120厘米，不仅逼真地还原了乌艚船货舱、生活舱等各个部件，还按比例制作了升降自如的布帆，令人赞叹不已。此后他又制作了多艘不同款式的木船模型，受到手工艺专家和船舶行家的好评，有的还在工艺博览会上获奖。

和郑文祥一样，因情系木帆船制作，由建造木质实船转而制作木船模型的匠师在福安还有多人，其中比较知名的还有上湾村的陈吕谦、陈吕光兄弟，沙岩村的陈义鸿等。

官埔油扇

李健民

在电风扇和空调机没有普及之前，油扇是福安乡亲消夏的最佳用品。城北前进社区的官埔村是这一传统产品的唯一产地。

官埔村始于何时，尚不明确。据现存最早的明万历二十五年（1597）《福安县志·舆地志》载，福安城外有“官坡”，不知与官埔有无关系。清乾隆二十七年（1762）编修的《福宁府志·建置志》：“一都为在坊五图，城内及北门外后垄、官埔、东垄，至西门外街尾止。”这是目前能见到的官修志书第一次出现“官埔”之名，迄今两百六十多年。

官埔油扇起于何时，多数官埔人自己也说不清。“非遗”调查中，有姓有名的第一代传承人池拱泰、李明清、陈贵贤、宋丹均为“乾隆庚寅年”，即1770年，与清乾隆二十七年《福宁府志》的编修时间接近。四人分属四姓，可知“官埔油扇”作为地方特产，不专属于某家某族。该非遗项目至今已传承至第五代，目前仍有池、郑、汤、郭、林、雷、邱、王诸姓手艺人以制作油扇营生。

这种扇子的样式独特，扇面刷着清油，手柄与扇面之间略有些弯度，扇面油光发亮，故称“油扇”。

它的制作大致可以分为六道工序。

先是取料。做这种扇子要选用长势匀称、大小适中、竹节较疏、厚薄相宜的竹子（多用“柔竹”）；然后根据要做的扇子直径长度取料，取料时要注意多出把手的一段（大约10厘米），多出的这一段要正好在竹节上。

然后是做扇骨。这是最为重要的一道工序。先是“开丝”，即将扇把上方用来做扇面的那段竹子开成细丝，再把竹丝的篾白剥去，留下篾青。然后在扇把上方的竹节两边各开一个小孔，穿上一条稍微粗一些的篾条作为“扇肩”，扇肩的长度大约是扇面周长的一半。接着用纱线依次将篾丝连缀起来，先连末端，然后连中段，并且都固定在扇肩的两端，绷紧，使扇肩两端弯成弓形。这样，由于扇肩的弹力作用，就形成一个凹陷的“窝”，它的顶部恰好就在扇把与扇肩交会的竹节上。这种造型有兜风作用，从而加大扇子的风量。扇子的骨架就这样做好了。

第三道工序是裱褙。所用的纸是“棉纸”，这种纸很有韧性，吸水性好，又容易褙得妥帖，最适合做扇子。裱褙时将糊浆刷到棉纸上，先褙扇底，稍微晾干，再褙扇面。

接下来是修整。用棕刷将扇子的两面整平，晾干后用利剪将扇面修理成形，一般是圆形。这时扇子的雏形已经完成。

下面是美化和上油了。

美化工作在上油之前进行，主要是在扇面上画一些简单的花草虫鱼或写一些如“清风徐来”“莲叶何田田”“心平气和”之类的“雅言”。这是民间书画家一展艺术才华的极好机会，也使得扇子这一生活用品成了一件艺术品。字画都用墨色，有的花卉也用红、黄、蓝、绿点缀一二，但都极简练。过去有些雅士还有定做扇子馈赠友人的癖好，往往亲自抓笔题诗作画，艺术品位更高了。非但雅士，就是一般俗人也喜欢在扇子上涂涂写写。笔者还记得儿时常见的写在扇子上的一首打油诗，虽然很“土”，但挺实在：

扇子时常在手中，五龙摇动引清风。
暑气消去人快活，今夏逍遥在此中。

每当夏令来临，每个人手上都有一把心爱的扇子，上面写着自己信手挥洒的“佳句”，留有自己的“墨宝”，看一眼就感到惬意，暑气也自然消退了一半。

最后是上油，上的是桐油。桐油也是福安土产，旧时相当易得，价格便宜，使用时很简便，是纸扇和纸伞的最佳上油材料。上油前有的人为了提升扇子的耐用度，还在扇肩两侧或扇面上部的边沿贴上白纱布。上了桐油的纸扇耐用，挡水，而且易清洁，产品也因此得名。上完油，晾晒干，成品就出来了。

这种扇子的特点是风力大，耐用，而且一物多用。老人们最喜欢用直径40厘米左右的大扇子，既可招风又可遮阳，还可以用它驱蚊逐蝇挠痒痒；中年人们用的大多是30厘米直径的中号扇，如果上街买东西，当时没有像今天这样广泛使用包装袋，就用扇子盛着回来；年轻的女孩子则喜爱小扇子，直径大约只有20厘米，真可谓“小巧玲珑”。老一辈人说，旧时

还有一种“贡品扇”，做工极细，扇面的下方饰有祥云剪纸图案，把手的末端还缀以彩色丝绦，雅致至极。

官埔油扇甚至成了福安的标志——拿着油扇到外地去，明白人一眼便看出你是福安人或者是打从福安来。

有意思的是这扇子还演绎出一种独特的民俗现象。过去福安民间迎亲娶媳，油扇是不可少的礼品，女方的所有亲属人人有份；而且大、中、小各种规格都要齐全，隐喻“有大有小”，数代同堂，该多么吉祥。婚后还要继续送，汉家送三年，畲家送一年。福安风俗，每年端午前娘家都要给女儿“送节”，五月初一送节的人家最多，这一天官埔村也最为热闹。一担担的红礼担装的是小孩子过节的新衣和大大小小的扇子，也装着外婆对小外孙的疼爱和母亲对女儿的祝福。这种风俗延续至今，虽然已经没有先前那样普遍，那样“礼数周全”，但是我们依然可以感受到那一股浓郁的亲情和对团团圆圆、和和美美的人生的祈盼。

近些年用扇子的人越来越少，但是福安人仍然没有忘记它们。官埔人仍然在做他们祖上流传的油扇，并且还要一直做下去。

随着非物质文化遗产活态保护的深入和发展，官埔油扇已经走出官埔，走出福安，走向闽东、浙南的许多县市区，走向中国的许多都市。2013年，北京一客商还定制3000把官埔油扇销往美国。

2022年，“福安官埔油扇制作技艺”进入第七批福建省级非物质文化遗产名录。

锡器锻制

李　杰

锡是一种有银白色金属光泽的低熔点金属，被称为“绿色环保金属”。由于锡的化学和物理性质，锡制日用生活器皿具有许多得天独厚的特点。锡制器皿装盛食物，经久不变质、不变味，有杀菌、净化、保湿、保鲜等功效，“盛水水清甜，盛酒酒香醇，储茶味不变，插花花长久”。正是如此种种优点，锡制日用生活器皿深得人们的“宠爱”。

三千多年前，我们的祖先已熟练掌握炼锡技术。商代前后，已经有了锡制器物。明永乐年间，锡器作为百姓日用生活必需品开始盛行，打锡器于是成为一门重要的民间手工艺。

福安人称锡器锻制为“打锡”，这门技艺的盛行应该始于明清之交。20世纪初，打锡人日渐增多。当时打锡匠人多是挑着担子跋山涉水，走村串巷，上门为人打锡。开打锡店铺的较少。20世纪50年代实行社会主义“公私合营”，走村串巷的打锡匠人被集中到一起，以“手联社”的形式，在各相应的集镇开店铺营业。乡间，偶见外地（多为浙江籍）“打锡”匠挑着担子招揽生意。20世纪六七十年代，打锡业几乎停顿。其后随着化工、冶炼业的发展，日常生活用品的材质多被塑料、不锈钢等替代，锡器锻制行业渐渐式微。

锡制日用生活器皿，福安民间常见的有碗、盘、碟等餐具，酒壶、酒杯、烫（温）酒壶等酒具，茶壶、茶盅（杯）、茶盘、茶叶罐等茶具，烛台、香炉等宗教祭祀用具、笔筒、笔洗等文具，烟灰缸、水烟筒、烟罐等烟具，以及花瓶、脂粉盒、中药储存罐等等。种类繁多，造型各异。20世纪五六十年代以前，锡制日用生活器皿，家家户户或多或少皆可见，直至20世纪末，在福安人的“婚丧嫁娶”诸番人生大事中，还处处可见它的尊容。

传统手工锻制锡器主要工具有风箱、炭炉、不同尺寸的小铁锅（或坩埚）、石板、大小铁锤、木榧、铁钳、铁砧、拍板、脚踏式抛光机、烙铁、松香、锉子、焊锡等等。一头工具箱，一头风箱，收拢诸多工具，扁担一套挑上肩，这就是“打锡担”。打锡匠的风箱是多功能箱：箱顶为锉刀架，上、中层乃抽屉，底部才是名副其实的“风箱”。

传统手工打制锡器，先期依据东家（客户）的具体要求，构思设计器型及尺寸，画好草图；而后按照熔炼、制板，裁形、焊接，捶打、抛光，錾刻、镂空等主要工艺流程，依次进行。

第一道工序是熔炼。燃木炭生火起炉，置小铁锅（或坩埚）于炭炉上，将适量的锡块（锭）投放小铁锅（或坩埚）内，牵引风箱。风箱与炭炉由一根口径4.5厘米×50厘米的竹管连接。把握火候，锡的熔点只有200多度，五六分钟锡块即可熔化。待锡块化成锡水后，即可制板。

制板。第一步：先把一块石（或硬木、铁）模板安放地上，一头垫高两三寸，板上铺两三层草纸并展平；继而在草纸上面用小布绳（红头绳）圈成相应形状，下头大上头小，再轻轻盖上另一块已粘好草纸的石板，预留绳头于石板上端并压紧；用勺子舀锡水，顺绳头匀速注入，灌满为止；冷却，锡板（片）即浇注成型。

根据所要打制锡件的器型构件的大小，剪，锯，锉，削，利用相应工具把浇注成型的锡板（片）分割成所需的各类形状。这就是裁形。

捶打。充分发挥锡延展性好、易塑形的特点，将剪裁好的平面粗坯捶打，曲、折成相应锡器部件，这可是打锡技艺的“硬活”。捶打的主要工具有木墩平面铁砧、柱形半球体凹槽硬木砧、L形小横铁柱砧和大小铁锤、捶打专用锤等。把锡片放（套）在砧上，心神如一，用力均匀，举锤利索，落锤紧凑，密密麻麻，圈圈点点，反复捶打，最终形成美丽云纹。这样不仅增加锡件的预应力和强度，凸显金属质感，也增强了锡器的形体美感。不同的器型、不同的部位，选择不同砧头不同的铁锤。为增加锡件硬度，便于焊接，有的锡件在捶打中还要卷边、勾缝。

各个部件组合成整体锡器的工序叫焊接。焊接的工具为锡条、松香、烙铁（一根约1.5厘米×0.8厘米×13厘米的铁棒，头部呈弧状）。焊接是细活。早先没有电烙铁，烙铁需用炭火加热。烙铁加热到一定热度后，用烙

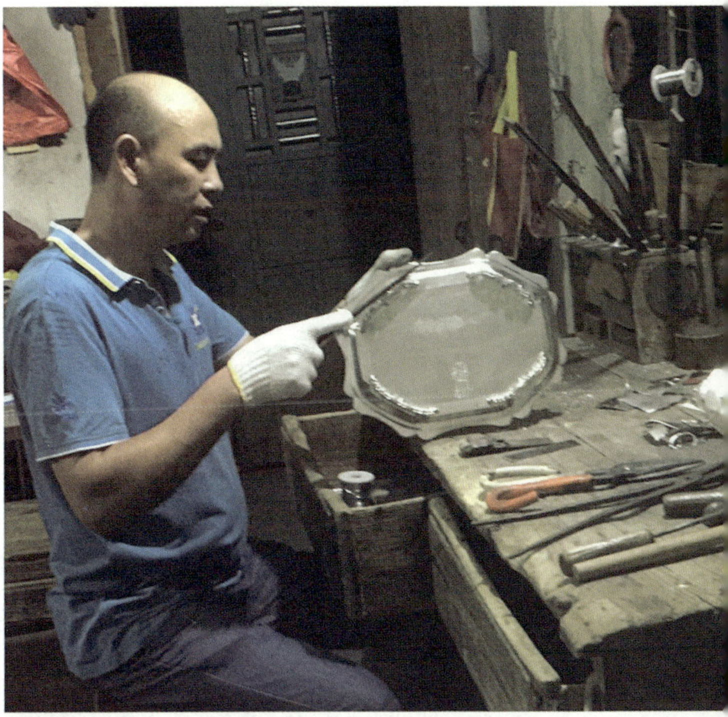

铁钳或湿布把握烙铁，抹松香，熔锡条，而后小心翼翼，蘸，点，抹，不厌其烦地把各部件焊接成完整锡器，且要确保每道焊接口平整而几乎不留痕迹。锡珠点点，汗珠滴滴，焊接还是个枯燥单一的辛苦活。

紧接其后是抛光。锡器焊接成整体后，用锉刀将各焊接缝锉平整，让各部件间的衔接不露痕迹，稍加捶打整形后即行抛光。抛光机是两根约70厘米×6厘米×5厘米的硬木料，与两根约25厘米×4厘米×4厘米的硬木料构成的“工”形木架，两根长的硬木料中间部位挖有一个圆弧凹槽。固定好木架后，将花瓶状长条硬木转轮套上两头绑有套脚板扣的布绳，然后安放到木架圆弧凹槽，安上抛光刀，双脚板套入两布绳扣，踩动转轮，手握刀具，就可以工作了。吃刀深浅，全凭感觉和经验。经抛光的锡器，圆润如银，光洁照人，招人喜爱。

錾刻。是在经过抛光的锡器的相应位置錾刻上花草、山水、人物等纹饰，频添锡器造型的美感，让实用的锡器多了几许观赏价值。这道工艺可谓锡器打制中画龙点睛的工序。锡器錾刻，要有精湛的锡艺，更需一定的美术功底及艺术造诣。传统锡器錾刻，多为平面白描式錾刻（即“平錾”法），浮雕錾刻比较少用。图样多为“龙凤呈祥”“凤凰采牡丹”“喜鹊登枝”“松鹤延年”以及高山流水、花鸟虫鱼等祥瑞图案，线条洗练、明快、质朴，符合民间百姓的审美取向。

镂空。多运用于锡制工艺品，锡制日用器皿少用镂空技艺。

总之，锡器打制，每一环节都是“心与眼、眼与手”默契配合的精细活，而难度最大的工序应属焊接、捶打和錾刻。

进入21世纪，福安打锡工匠所剩无几，锡器锻制手艺面临传承危机。锡艺传承人郭增贤在坚守传统手艺的同时，顺应时代的发展，对传统锡艺进行活态保护。合理运用数控手段，吸纳金银锻制的相关工艺，让锡制日常生活器皿存续其实用性的同时，凸显其器型的艺术性，努力将制品的使用价值、观赏价值和收藏价值集于一体。

近年，郭增贤的锡艺作品多次在高规格的赛事上获奖。2017年，“酒爵”“锡八角盘”获“文化部教育部中国非物质文化遗产传承人群研修研习培训计划”佳作奖；2018年，“锡茶壶”“六角果子盒”入选“第七届中国苏州文化创意设计产业交易博览会”；2021年，“龙凤茶叶罐”获中国工艺美术学会“中匠杯”工艺美术优秀作品大赛银奖。

穆阳油纸伞

李毓贤

伞为我国首创，据传为鲁班妻子云氏发明。《史记·五帝本纪》记有与伞同类的雨具，可见伞在我国已有四千多年历史了。纸伞是汉朝以后出现的，唐朝时传入日本，16世纪才传入欧洲，是我国文化艺术瑰宝之一。

纸伞的制作技艺约于清末传入福安，随即就迅速地发展起来。民国初年，福安的制伞业已经小有名气，1921年，福安一邑就有纸伞厂20多家，穆阳一地就占10来家，产品除投放闽东市场外，还销往福州，再转销各地，也有部分由穆阳产地直接输往闽北、浙南地区，产品十分畅销。

福安纸伞无论是数量还是质量均以穆阳产的为上乘。穆阳上接周宁、政和山区，下连本市康厝梧溪等地，这些地方盛产竹子、柿子等制作油纸伞的主要原料和关键性材料，为穆阳油纸伞制作提供了得天独厚的先天条件。自清末，油纸伞制作工艺由穆阳陈氏家族从福州引入后，穆阳制伞匠人结合闽东当地人生活习惯和消费水平，经过传承与改良，很快就生产出满足社会不同阶层需求的不同档次的油纸伞：有的成为大户人家、文人墨客爱不释手的艺术品；有的成为民间红白喜事，习俗宗教的道具；更多的是普通百姓用以遮阴避雨的生产生活用品，物美价廉，深受广大老百姓的喜爱。其时，穆阳油纸伞作坊和伞铺就有十多间，较有名的有半街的“江裕昌”“陈其志”等商号。1956年实行工商业社会主义改造后，穆阳民间油纸伞作坊合并成立穆阳雨伞社。民间制伞艺人成为雨伞社职工，当时生产的油纸伞畅销省内外，是穆阳的一张亮丽名片。油纸伞也因此与水蜜桃、线面被人们合称为“穆阳三宝”。

穆阳油纸伞的制作过程十分讲究，共分为做选料、做伞骨架、穿内线、绕边线、上柿子浆、裱纸、绘画、上桐油、钉布头、装伞柄、缠柄、晒伞、收伞等，大大小小共三十多道工序，主要工序有以下几道。

选料。一把纸伞的主要部分是伞骨架，除伞头、伞托用木头外，其余

都是竹制，因此选好竹子是一把好纸伞的基础。穆阳匠人一般会选用闽北松溪、政和等山区生长在向阳山坡的成熟竹子作为原料，这样的竹子不易长蛀虫，经久耐用。其他伞纸、棉线也都要精挑细选，涂料中的天然桐油和柿子浆更要依古法调配。

做伞骨架。选好竹子，接下来就是削伞骨，锯伞头、伞托，做伞架了。这是所有工序中，最耗时、最繁杂的精细活。一把纸伞有短骨、长骨几十根，不但要先把竹子一根根剖开削好，还要再一枝枝钻洞，消毒漂白晾干；伞头、伞托选用当地一种俗名“萝卜柴”木头为原料，这种木头生鲜时柔软细嫩，晾干后却很坚硬，一般都是在未干时先做好外形，按要求分成若干等分，锯出凹槽，钻孔备用。说是“锯”，其实做工之细，堪比雕刻。待骨架配件准备好后，安上伞柄，将伞骨一根根嵌入伞头凹槽中，用丝线固定好（古代丝线是用女性长发数根捻成）。然后沿伞骨架绕边线3—5圈，再绕里面伞托的固定线，用以固定伞架和装饰。至此伞骨架工序基本完成，做好的伞骨架还需晾晒几天，使之干透。

裱伞面。在晾干的伞面骨架上刷上“柿子浆”（现用特制胶水），再裱上油纸伞专用绵纸，刷平整，修伞边，收边，晾干。“柿子浆”是采用梧溪未熟的青柿子，捣碎榨出浆汁，经秘法酿制而成，各人酿制办法不尽相同，酿制时间越久，黏性越大，经久不易脱落。

画伞面。多以传统国画山水花鸟为主题，经专业美工手绘而成。伞面绘饰是区分一把油纸伞是艺术品、工艺品还是实用品的主要特征之一。

包伞头。包伞头是一把油纸伞质量好坏的关键环节。伞头必须采用柔韧性很强的优质棉纸包缠，结实的伞头不易损坏，能承受上千次的张合。

刷桐油。刷桐油是制作油纸伞最后也是最关键的一步。桐油不但能增强伞面柔韧度和起到防水作用，还是一把油纸伞外在美重要表现。好的桐油更要追求桐油的透明度，只有透亮的桐油才能保持伞面色彩鲜艳，增强画饰的质感，突出其艺术美感。

晒伞。刷完桐油后的伞面要经过较长时间的晾晒，使之干透，否则伞面会粘连一起，无法打开。晾晒时不能直接在阳光下曝晒，只能在遮阳通风处阴干。

收伞。收伞为油纸伞收尾整理工序，要确保每片伞面的平整又有棱角，便于收纳。

一把曾经为我们遮阳挡雨的油纸伞，看似简单，但真正制成却需要一个相当复杂的过程，而且大部分的工序都是人工制作，所以每一把雨伞都是一件手工艺品，都是工人的心血结晶。

随着现代科技的不断发展，传统手工技艺的生存空间不断受到挤压，油纸伞基本被布伞取代。20世纪80年代初，穆阳雨伞社正式倒闭，从业人员只能改行另谋职业。90年代，传统工艺品市场有所复苏，穆阳有人曾想恢复纸伞制作，无奈经济效益不高，部分老艺人相继离世，为数不多的老技工又年事已高，穆阳油纸伞传统制作技艺濒临失传。然而油纸伞作为工艺品，它那精湛的制作工艺，浓郁厚重的民族色彩，雅致温婉的艺术韵味却深深地烙在人们心中。一些穆阳雨伞社老师傅的后人，自觉成为传统文化的守护者，他们承担起保护、传承这一非物质文化遗产的责任。面对一些失传的技艺，他们自费到江西、四川一带取经学艺，结合遗留下来的残缺传统技艺加以整理、挖掘，近几年穆阳油纸伞这朵古老的手工艺之花，如枯木逢春，又焕发出新的光彩。

衷心祝愿穆阳油纸伞之花长开不败！

福安竹火笼

李　杰

竹火笼是一种用竹篾编制的小笼，内置瓦钵，可以用来盛放火炭。旧时家家户户都备有这种器具，以备冬日取暖之用。高寒山区，更是必不可少。

福安竹火笼的外形富有自身特点：拱提范（弧状，高约10厘米），敛口（口径约14厘米），丰肩（肩外径约18厘米），高束腰（腰外径约16厘米），圆腹斜侈下鼓（最大外径约20厘米），微收矮圈足（脚，外径约19厘米），似花篮又像灯笼。它以不事雕琢、匀称古雅的造型，精巧细致的工艺驰名于闽浙赣山区，是我国南方各式手提竹火笼的佼佼者。

竹火笼的历史可追溯到汉朝。西晋以后，特别是宋代，大批中原移民南迁，其中有不少辗转到长溪流域定居。福安竹火笼应该也是在这一时期传入，所以其样式袭承宋代艺术的总体风格。

福安竹火笼由篾编笼体与火钵内胆两部分组合而成。

火钵制作

竹火笼内置的火钵，敛口（口径约13.5厘米），短颈，鼓腹（直径约19厘米），收底（直径约9厘米），整体如碗状，是瓦（粗陶）盆器具。火钵制作，分选料、揉土、拉坯、烧窑四道工序。

火钵取料考究，需选取优质的山黄土与海黑泥，去除碎石等杂质后，按照6：4的比例进行糅合（陶土是由黏土与瘠性原料相互糅合而成，其目

劈篾

拉篾丝

编笼头

按火砵

的在于塑形，缩短干燥时间，增强耐热性）。揉陶土是个力气活，脚踩，手揉，反反复复，几多汗水和入几多泥水，终揉成均匀油亮的陶土原料。

揉好陶土，即转入下一道工序"拉坯"。取约一斤二两揉好的陶土泥料，粘上草木灰置于转轮上，启动转轮，借转轮快速旋转产生的惯性，开始拉坯造型。拉坯时，以不同的手法，施以轻重有异的力度，把泥料拿捏成钵坯，继而，双手内外上下巧配合，将钵坯体至坯口向外拉出60度角，成腹大口小状，纵切面近似黄金分割。拉好的钵坯，需晾晒、风干，放置存放一定时间定型。定型后方可入土窑（俗称"龙窑"）烧制。

烧窑是火钵制作的最后一道工序。天麻麻亮，制钵师傅小心翼翼地将风干定型的钵坯，一层层有序叠放入"龙窑"。放好钵坯，留取一定的窑内空间，堆入柴火，用烂泥土密封窑口（另留观察口），接着点火烧窑。烧窑需要一个整天。其间添柴，控温，观火候，制钵师傅守候在"龙窑"外，专心致志。24小时后，熄火，出窑。

火笼编织

福安竹火笼，笼体由笼范（柄）、笼头、笼身（高约12—13厘米）、笼脚等四部分组成。其编织工艺流程为伐竹材、破篾料、编竹笼三大步骤，细分锯竹、削节、刮青、破竹、劈篾、刮篾、编火笼、援火笼脚、成（装）火笼等九道主要工序，使用工具主要有篾刀、篾修、篾扣、剑门、竹夹、竹绳、锯子、剪刀等。

做竹火笼需要选用三四年的老毛竹，取其竹皮柔韧而富弹性，弯曲不易折，竹节间距长，竹囊呈红色（蛀虫不蛀食）者。竹料，进山选伐运回。破竹劈篾前，先要用篾刀磕刮去竹料上的每个竹结的竹环。磕刮竹结环，是为后面“破竹”减轻难度。磕刮竹结环后，接着按竹笼编织的需要，将竹材锯切成不同长度的竹段，再刮青，去皮。

破竹。就是将刮青去皮的段竹剖破成不同规格的竹片：先从段竹梢中间处破开，而后递相对半对半地破，直至适合需求。

劈篾。即用篾刀分离竹片的竹皮竹肉，继而削劈成粗细、长短各异的篾片、篾丝（条）。劈篾，还需要恰到好处的“牙功”，当篾刀破开竹片梢，即要用牙咬住篾片，不松动、不咬破，再用手往后一扯，分离竹皮竹肉，如此撕成薄篾。

劈出的篾片、篾丝（条），还需过“剑门”，再进行一番剃刮修整。所谓“剑门”，即是将两片杆刀（小篾刀）刀口斜向相对，呈八字形固定在凳子上，并预留一定的空隙，空隙密度根据所加工篾丝（条）粗细随意调整。过“剑门”的具体操作：将篾丝（条）梢部放入“剑门”内，一手用竹夹用力按住篾丝（条），一手拉动篾丝（条）梢直至篾丝（条）根部，使之首尾宽窄、厚薄，合规合矩。

编织火笼。先编“火笼头”：选用竹节较大韧性较好的竹尾篾，以圆口编织法让竹篾重叠散开，又相互交织成一个圆，再以“弹花”的方式将较短的竹篾向内扣，较大的竹篾向右下压……几经反复“弹花”，而后嵌入火钵：用9条长约100厘米的竹篾扎环网紧箍钵体，并将九条竹篾的两端分别穿插入火笼头的竹篾中，使得“火笼头”与火钵融为一体。编好“火笼头”后，再用篾撬和篾扣进行修整，让“火笼头”与火钵更紧实。

援火笼脚。把过好剑门的细篾丝，插入火笼头的锁口处，采用经纬编织法进行编织，编至底部，以7根（精致的竹火笼需9根）细篾丝“绞丝边”收口为足。作火笼的纵向（经）竹篾，一般选用64条（制作精致的竹火笼需用76条）。每条竹篾要求长约60厘米，宽约0.3—0.4厘米，并削成一头稍小且中间薄两边厚：较薄的部分易于弯曲，能更好地贴合火笼体的弧度；较厚的部分便于编织缠绕，让整个火笼更加结实稳固。作火笼的横向（纬）竹篾，宽约0.12—0.15厘米，长短不论，条数按实际而定。

编织好火笼身，当配火笼范（提柄）。火笼范选用竹节较密硬度较大的竹头制作：选取约60厘米的竹头，刮青，去皮，再破作若干条宽约2.5厘米厚0.6厘米的“范”竹片，竹片左右两侧削刮成弧状（光滑不扎手）；竹片头尾两端剖作三层至中部竹节（一般火笼范皆选中间有节者）附近止，中部（约5厘米）竹节附近保留完整不剖透，随之截去竹片两端第二、三层竹片基：第二层截去12厘米左右、第三层略比第二层截多些许；把范竹片表层（第一层）头尾两端纵向剖作四等分（破口长约12—13厘米），并削尖四分叉末梢，而后将两端的四分叉分别依次沿火笼肩部植入火笼身，让范竹片第二、三层顶着火笼肩；继而在火笼范竹表层加三条“小范”篾条混搭藤条“缠丝边”加固收口。

火笼整体编织好后，还得修篾整饬，让笼体竹篾之间更加紧凑，不留缝隙。最后，为火笼安装上另编制的“地盘”（底衬），再张“隔环”（长60厘米、宽2厘米的薄竹片绕成）固定，竹火笼编制终告完成。编一个竹火笼大致要一两个钟头。为了避免不小心灼伤手脚、烤焦衣襟，讲究的人会给竹火笼配上一个铁丝（或铜丝）编织的镂空的笼盖。

火笼编织好了，即可放入炭火。过去，家家户户三餐煮饭，灶膛有的是现成的炭火。先铲一点刚烧过的草木灰垫入火钵底，随后夹入几块大些的红木炭，再覆上细碎红炭，最后重铺一层草木灰。如此，火笼的温度保持久些。城里人有的“奢侈”些，会用山窑烧出来的熟炭（福安土称“硬炭”）焙作火笼的炭火，这样火笼的热度持续时间会更长。烧窑炭是山村的一项经济产业，乡民当然是舍不得用的。

雪夜为老人焐暖被窝，霜晨替孩子烘热内衣，梅雨天给婴幼儿焙干尿布……当年，竹火笼是便携的“取暖器”，是廉价的“烘干机”，是家家户户都离不开的“神器”。

“火笼母，火笼母，媳妇扛（抬）来早当婆”。福安民间风俗，女儿出嫁时，娘家人要备一对火笼，里面放两包“硬炭”（即熟炭），寓意是女儿把自家的火种或父母的温暖带到男方家里，让她一辈子过着红红火火的日子，同时不忘娘家情。每个新媳妇到婆家，头年除夕夜，要做的第一件事，就是烧热两个新火笼，恭恭敬敬地捧送到公婆床前，给公婆焐暖。火笼还是传承孝道的载体。

从宋末至20世纪70年代，福安竹火笼制作经久不衰。进入21世纪，工业、科技突飞猛进，社会经济高速发展。随着社会生活电气化、智能化，福安竹火笼完成了作为“生活必需品”的历史重任，渐渐淡出人们的视野。然而，福安人更新理念，将竹火笼制作申报为“非物质文化遗产”传承保护项目，把其作为特殊工艺品向社会倾情推介。以期代代相传，永远留住那抹浓浓的乡情。

20世纪80年代以前，福安山区许多村落都有人制作竹火笼，其中以福安松罗洋西村竹火笼制作为最。据说其竹火笼制作技艺是沈氏先祖宋末元初自浙江肇迁福安洋西时带来的家传绝活。鼎盛时期，洋西村家家户户都做火笼。

2018年，福安洋西竹火笼作为代表性传承手工艺，被录入由国家文化部立项、福建国家图书馆与福建海峡卫视联合制作的大型民间手工艺纪录片《丝路百工》中。

福安民间刺绣

李　杰

刺绣，古称“针绣”，俗称“绣花”，是用绣针引彩线（丝、绒、线），按设计的花样，在织物（丝绸、布帛）上刺缀运针，以绣迹构成花纹图案的一种工艺。

中国刺绣有着悠久历史，刺绣工艺遍布各地，流派繁复。福安民间的传统刺绣都是手工所为，大体上属于“闽绣”，且又有着自己鲜明的地方特色：大红，大绿，大黄，色彩鲜明热烈；夸张，变形，稚拙，洋溢着浓浓的乡土气息。

福安民间刺绣的工艺可分解为以下主要工序。

设计取料

要绣出一幅精美的绣品，首先要有好的绣稿。绣稿可以说是刺绣的主题和灵魂，因此，设计画稿十分重要。福安手工刺绣所制作的绣品，形式较为固定，其画稿设计趋于程式化。根据刺绣绣品的用途而定，福安手工刺绣所用的面料也较固定，多选用色丁布、平绒布，也有选用缎布、棉布等。

上绷张架

上绷就是将刺绣底布安放到绣绷或绣架上，这是刺绣工序中至关重要的一步。 无论刺绣造诣多么精湛，如果绣绷没有上好，绣出的也多半是废品。上绷分为手绷和卷绷两种。

手绷，分方形绣绷与圆形绣绷。一般来说，较大的绣品用方形绷，稍小的绣品用圆形绷。其上法相同：松开绣绷外圈螺丝，放平里圈绷子。将绣布平铺于里圈上，再把里外绣绷重合，理平绣布皱褶，拧紧螺丝。上绷过程中，布纹不能倾斜，布的经线与纬线必须保持垂直和水平状态。检查绣绷是否安装紧实，用带线的绣针穿过布面，拔线时发出“嘭嘭”的声音为好。

大而长幅的绣品多采用卷绷。卷绷上绷最服帖，即使满是皱褶的底布，也无须熨烫。上绷过程中一定要将底布与卷绷对齐，保持绣底平整服帖。卷绷的步骤：用较大的缝衣针分别将两块棉布缝制在绣地（底布）横幅的上下两面，缝时平铺绣布，针脚宜直，不能起皱；缝好后，把绣地搭在绷架上，将下面一侧棉布边缘留出两厘米左右的边，嵌于绷轴槽内，再用嵌条塞上缝隙，压住底料，固定绣地；塞紧缝隙，即可转动绷轴，将棉布缠绕在绷轴上，边卷边用左右手从中间往两边抚平卷在绷架上的棉布；卷好一端，另一端以同样的方法卷棉布，卷至完全露出绣布即可；用力拽紧两边，至绣地完全撑开，将两根插闩分别插入两头的轴孔里，张成绣架。有的绣架在绷轴上设计有线孔，可将绣地（不加缝棉布）横幅的上下两面直接用粗纱线缝接两绷轴上，然后插闩张架。不过，绣地左右两边的布头各需缝接一根小木棍，再各用两条或数条粗线绳系住小木棍用力而平衡地拉向两头的插闩，而后把线绳紧紧地捆绑固定在插闩上，让整幅绣地均衡紧绷。

长幅的绣品配长绣架。长绣架两轴除两头的插闩支撑外，中间还得楔入数根（根数以绣地具体长度而定）木棍加持，以确保长幅绣地舒张平整。楔入的木棍是活动的，便于绣工刺绣过程中灵活挪移。

描图上稿

上稿，即是将事先设计好的绣品图稿描绘到刺绣的底布上。传统工艺中常见的上稿法有复写法和反透法。

复写法：先把刺绣底布平整地固定于工作台，将复写纸置底布上，并在复写纸上覆加透明硫酸纸；随即放上画稿，在其上再搁放透明硫酸纸；而后用铅笔或圆珠笔在透明硫酸纸上勾勒图案。勾勒手法要求精确，不得偏差分毫。

反透法：备一张玻璃台面，台面下方安装灯具，台面两头各安放一个活动搁置架；将画稿置玻璃台面，而后绣绷（架）搁画稿上，打开灯光，显现图案，即可用铅笔（或圆珠笔、碳素签字笔）勾勒描临底图。使用丝绸、软缎类底布，绣制复杂的画稿，宜用此法。

配线刺绣

配线，是刺绣工序中的一个重要环节。配线时，要根据所绣物象的色彩选择线色搭配。绣线颜色繁复，即使相同颜色也有深浅之别。为使绣品

效果逼真，常常需要由浅到深或由深到浅的色阶变化。丰富的色阶过渡才能使画面达到色彩调和、浓淡合度的效果。有的精细部位还需将丝线分劈更细，或取两种不同色线合成一股，以达乱真的效果。

福安手工刺绣技法有平绣、结绣、盘绣、扎绒绣、补花、拼贴、掏花等多种；针法有齐针、套针、扎针、长短针、打子针等几十种。无论哪种技法、哪种针法，都以细密精致、清晰活泼为特点。

福安手工刺绣在色彩的运用上，以红、黄色作底，选粉、紫、蓝、绿等设色物象，用色大胆。换色、变色，追求大平面色彩强烈对比效果。浓致饱和，艳则极致，亮中见喜，雅典富丽。纹饰选材，飞禽、走兽、花草、人物，无不涉及。图案多为传统题材，如象征吉祥的“凤凰来仪”“孔雀开屏”“百鸟朝凤”“狮子滚绣球”等，象征爱情的“蝴蝶双飞”“蜜蜂采花”等等。绣品门类繁多，如鞋、帽、鞋垫、肚兜、披巾等服饰品，枕套、床罩等床上用品，寿幛（寿序）、桌围等节庆用品，神衣、龙伞、旗幡等宗教活动用品，还有戏服、舞台道具等戏剧用品。

落绷裁缝

绣地上的图案完全绣好后，将绣件从绷架上取下，即为落绷。“绷

架”落绷的步骤是先放松绷线、拆掉绷边竹，接着取下绷针，退出绷门，抽出白布，最后拆掉绣地与棉布的缝线，取下绣件。绣件落绷后，还需剪裁、缝纫，最终完成绣品。如戏服，其前襟、后襟、双袖、双插、角带、领替、披肩等，是分类绣制。落绷后，就得经剪裁、缝纫，品阶为成衣。

芹洋百年刺绣工艺

旧时，福安民间刺绣比较普及，城乡许多地方都可以看到绣女们飞针走线的身影。20世纪50年代以后，从事刺绣的人不断减少，“人去艺绝”现象比较普遍，出现人才断层的窘境，但仍然有人坚持此业，其中溪潭镇的芹洋村最值得称赞。

芹洋村是个“绣花村”。刺绣工艺，百年承传。家家善绣，全村有六成以上妇女从事绣艺。从猫儿鞋、狮子帽、绣花鞋等小绣品起步，拓展到戏剧服饰，民俗活动的神衣、龙幡，民宅厅堂的桌围、寿序及少数民族服装饰品等等，绣品畅销闽东县市，远涉浙粤、港澳、南洋等地。一批较有实力的能工巧匠脱颖而出，“芹洋刺绣”声名日盛。

福安根雕工艺

李 杰

根雕，是中国传统木雕工艺的一个分支，是自然美与人工美精巧融合的造型艺术。根雕艺术，源远流长，是我国古老而又年轻的一门艺术。福安根雕工艺，有实物可证的历史至少已经百年。清末，溪柄楼下人彭泽春师承浙江东阳木雕技艺，融合本地土雕刻技法，以独创的木雕平削凿木技法名扬乡里。民国间，其孙女婿刘梅仙秉承祖艺，改良木雕平削凿木技法，运用于根雕创作，并首创配方雕刻技法。20世纪60年代，刘梅仙将技艺传给其子刘解放。20世纪80年代以后，福安传统根雕工艺人才辈出。

福安根雕传统工艺技法，主要有平削凿木、凸削凿木、凹削凿木、火攻、土埋、配方、水磨等，不露雕痕，凸显根材天然造型，从色、形、质、味、韵等方面保留了根材的天然妙趣，“写实、夸张、变形”兼而有之，在省内同行中独树一帜。

福安根雕的传统工艺有以下几道主要工序。

一、选材创意

选材 根雕所用根材品种不同，形态各异，雕刻出来的作品艺术效果、保存时限也截然有别，因此选材工序十分讲究。选用根材的品种多选木质坚硬细腻、木性稳定，不易龟裂变形、不蛀不朽，能长久保存的，如香樟、香楠、榉木等。选用根材的形态标准为“稀、奇、古、怪”，淹没或深埋于水或淤泥中的死根、经数百年碳化形成的古老阴沉根木为首选。

创意 创作根雕作品前的构思，是根雕艺术创作最为关键，也是最难把控的一道工序。创作者需通过审视树根、树皮、枝杈、疤节、疙瘩、孔洞以及腐朽的纹迹等天然形状、质地、纹理、色泽等，充分发挥艺术想象力，对作品进行巧妙构思立意，以尽展根材天然造型之美。这一工序决定着整件根雕作品的核心艺术价值，也是根雕艺术创作的灵魂之所在。创作者应着眼于最大限度地保护自然之美、生发自然之美，而一切人为艺术的再创造痕迹必须藏而不露。构思，要在多维度空间观察的过程中进行，依形度势，而后定夺。

二、雕刻制作

取舍 依据根材的自然形态确定题材后，取其意象所需的造型，舍去其多余的部位，留下想要的部分。

整形 按照所要表现的艺术形象，采用屈伸、扭曲、烘烤等手法，将根桩加以整理，初显根雕作品雏形。

雕刻 顺应根材天然的纹理，借助刀、凿、锯、锉、斧、砂纸等传统工具，运用平削凿木、凸削凿木、凹削凿木等祖传雕刻技法，在作品的局部或关键部位稍加人工处理；或施以“火攻”：用明火灼烧“根雕坯件”人工刀痕明显处，让其焦化，而不露痕迹；或“土埋”：将色泽浅淡的坯件埋入土里，经一定时间，让其转色变深；以期自然造型与人工雕凿巧妙地融为一体，雕凿痕迹藏而不露，达到“天人合一”的妙趣。

三、打磨上色

打磨　为让根雕作品显现木质自然纹理的奇特形态，而更好地表述创作者意图，根雕作品在工艺处理上需要进行打磨抛光。打磨的方法可有两种。一是手工（采用砂布和木锉）打磨，二是机械打磨。两种方法最好交替使用。因为根材大都凹凸不平、变化多端，全用机械打磨，容易损伤根体上有用的节疤及有些细节形象。由于每件根材的表象特点和形态不同，所采用的打磨方法也得因材而异。有人采用“水磨”法，把根雕坯件置入水池，再用水砂纸细细打磨。这样既将根雕坯件的纹理质地打磨得更加细腻，而且避免粉尘污染。何处粗磨，何处精磨，何处不磨，打磨抛光前心中先有数。有的放矢，具体作品，具体对待。

上色　根雕作品，多彩多姿，大多重视上色。其常用的有棕色、黄褐色、梧桐树皮色、仿红木色、仿古董色和原木色等等。根雕作品常见的上色方法有补色、仿古上色和保持自然色。

有一些根木由于受真菌的侵害，或化学、物理等因素的影响，表面颜色变得有深有浅，在制作根艺作品时，应适当加以补色，使颜色统一。还有的根木出现病态，长出许多较深颜色的斑点，这就需要除斑补色。补色颜料种类很多，天然矿质颜料、化学颜料（即绘画颜料或工业染料）都可运用。补色，是为了使根雕作品表面色彩自然统一、完整协调，进一步突出根艺作品的自然美，当然也是根艺作者审美心理的体现。

根雕作品中有部分仿古工艺作品，呈现某种出土文物的色泽，古色古香，韵味悠长。这些根雕作品是用“仿古上色”法进行工艺处理的。仿古上色，一般要根据根材木质坚韧度、干湿度的不同，确定用色多少以及上色方法。用色，一般以茶褐色为基调，因材调整色调的深浅明暗，配置古朴色调。颜料选择，过去多用天然颜料（矿质颜料）。现在有的根雕作者用“红树皮”捣碎煎熬出浓汁，当作仿古色。也有人利用现代化学颜料，如中国画颜料、水彩颜料或工业上使用的染料以及木质家具使用的颜料等等，经过调配后使用。无论使用什么颜料，只要达到仿古色效果，满足创

作者的表现要求即可。

根雕作品保持自然本色，是当今社会的又一种审美倾向根雕作品保持自然色，不等于不用进行工艺处理。按照作者的创作要求，进行严格的工艺处理，是为了让自然色体现得更充分，更完美。如在局部作适当补色，以弥补作品根材颜色的某些缺陷和不一致。保持自然色，在上漆或烫蜡时，还应注意选择无色的漆和蜡，让根雕作品的木质纹理清晰可见。

四、上漆烫蜡

根艺作品上漆或烫蜡，一是为了美观，二是为了防护。漆是一种黏性液体涂料，涂在根艺作品上，可以渗进根体内，并在表面结成坚韧而光滑的保护膜。蜡的功能也同样是延长作品的保存时间及使用寿命，同时也起到一种美化作用，是根艺作品制作中不可缺少的一道工序。

上漆　根艺作品常用的漆分为天然漆和人造漆两类。天然漆又称为大漆或生漆，是以漆树皮分泌出的乳状汁经加工调制而成。人造漆，常用的有如清漆、虫胶漆（虫胶片溶于酒精调制而成）。根雕作品为给人一种古拙质朴的感觉，还采用一种“退光”法：将上漆后的根雕作品晾干后，以干磨或水磨去其根体上的局部或全部面积的漆的80%，留下20%；而后再上生漆一次，晾干后，再行干磨、水磨，去掉60%的漆，留下40%生漆。第三次上漆时，使用仿古漆进行退光（须进行2—3次退光），每次上漆70%。最

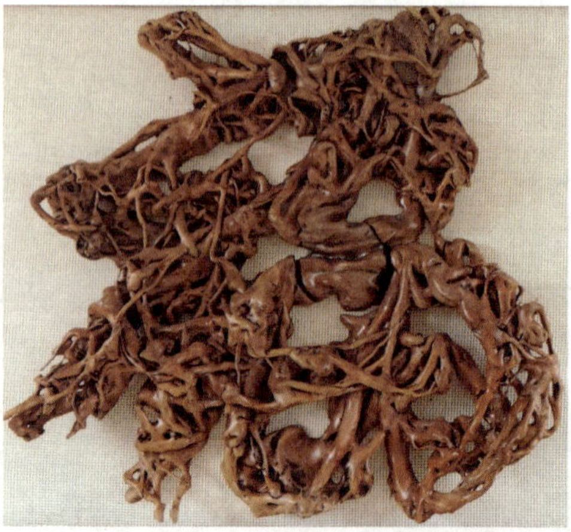

后一次上漆后，就不用退光了，待晾至八成干时，用布将其擦至透亮，再打上蜡即告完工。用这种办法上漆，根雕作品黑里透红，显得端庄凝重。

烫蜡 根雕作品，有的上漆不烫蜡，有的烫蜡不上漆，有的既上漆又烫蜡。不管采用哪一种方法，只要能达到作品的艺术要求，都是可行的。根艺作品烫蜡的方法很多，大体上分为三种：湿上蜡、干烤蜡、热浸蜡。

根雕作品完成之后，就得“命名”。命名，不属于根雕工艺流程，但却是一个不可或缺的环节。恰当的作品命名，画龙点睛，既展示作者奇妙的构思，又充分体现作品丰富内涵，从而提升作品的艺术性。或简洁精辟，或标新立异，或含蓄典雅，“命名”宜虚实并举，既不直白、浅露，又不迷离含混。巧妙的命名，可启迪观众的想象，触发其心灵的感动，参与作者的再创作，无形放大作品的欣赏空间。

刘解放及众多福安民间根雕工艺师，先后创作出一批富有地域特色而风格迥异的优秀作品，在国内根艺界极具影响力。刘解放的个人作品在各级精品展中获得金奖14枚（其中国家级及以上金奖12枚），银奖15枚，铜奖、优秀奖无数。中国根艺美术学会副主席姜翔玲对刘解放的根雕作品予以高度评价：“或豪放凌厉，或婉约细腻，或形象逼真，或天然神韵，都显示出作者在多情地感受生活、多情地记录生活。其风格的多样性、题材的广泛性，也都充满民族特色和时代精神。以致尽情地表现出一种思想性和艺术性的较为完美结合，也尽显作者挥洒自如的艺术功底和一往直前的创作毅力和日臻成熟的个性特征。”

书画装裱修复

李　杰

装裱是中国特有的保护和装饰书画类、碑帖等的一门特殊技艺。

“装”是装饰，装束，装扮；“裱”是用纸或丝织品做衬托，把字画书籍等装潢起来，或加以修补，使美观耐久。

福安自古以来文人墨客和书画名家辈出，但是能够留存下来的墨宝并不多，这可能与装裱不善不无关系。清道光年后，福安城区纸行开张，书画装裱成为一个独立的行当出现在街头。民国时期，书画装裱业普及福安。20世纪60—70年代，装裱业“停摆”；80年代后书画装裱业逐渐恢复，并深得周边县市书画家的青睐。

一、福安书画装裱常见款式

福安传统手工书画装裱常见的款式主要为挂轴、横披、镜片。

挂轴，又叫“立轴”，是竖幅或不太宽的书画作品装裱成带轴杆用于悬挂的调幅。大幅的称“中堂”，细长的称“条山”。挂轴的款式又分：一色裱、两色裱、三色裱、宣和裱（“宋式裱”）、诗堂裱（在画芯上方镶一块空白宣纸，专门用于题写诗赋，这张纸叫“诗堂”）、条屏（四至十二幅组一套，偶数、相同规格）、对联。

横披，也叫“横批”，是宋米芾父子首创的一种装裱方法。是专门为横幅的书画作品设计的。

镜片，也叫“镜芯”，是装裱后装镜框的书画，依画幅的横竖而定，可裱横式，也可裱竖式。镜芯的竖幅与横幅所配镶料的尺寸不同。

二、常用器具和用材

书画传统手工装裱的工作场所称裱房，又叫“装裱间”。裱房的基本要求：宽敞明亮，整洁温润，地面与墙壁不能潮湿。

大墙，一般为木质板墙，用于贴平、挣干画芯、裱件和各种装裱材料。另还得备有可移动的、小型的活壁子。

案子，即装裱工作台。必须按古建筑五灰三麻的油漆工艺制作的披麻挂灰红漆案子。案子要备两张：一为上手敷活，一为下手刷纸。案子四边

沿要加工为圆角，以免作业时肢体顶靠装裱案子将字画折出痕迹。

拷贝桌，玻璃桌面，桌面下方置灯具，备作揭裱残破旧字画嵌折之用。

漂杆架子，用于晾干经过加工的覆褙纸和不能马上挣墙的书画等。

高凳，用于上、下墙时蹬踩，要有高、中、低三级高度。

装裱工具还有排笔、棕刷、糨刷、搁护、裁刀、手卷刀、裁板、尺板、踏纸、针锥、起子、隔糊、砑活石、蜡板（块），以及尺、剪、掸子、叉子、箩筛、木锯、钳子、铜线、喷水壶等等。排笔和棕刷是手工书画装裱最为重要的两个工具。排笔选用24管的为好，新买回来的排笔在其根部要上一些胶水，以防脱毛。

书画手工装裱所用的材料如下：

宣纸，装裱常用的种类：四尺单宣（“料半”），净皮四尺单宣（“净皮”），特种净皮四尺单宣（“特净”），四尺连宣（“棉连纸”）。从三尺至一丈六尺，宣纸的规格尺寸有三十多种，在此不作一一介绍。

绫，是自古至今传承保存下来的极具民族传统文化特征的丝绸织物，平纹为面，斜纹为背，以匹计量，每匹二十米长。绫又分：花绫（亦称“绫子”，纹饰种类繁多，主要用于书画装裱）；素绫，即白绫，需托染后使用；色绫，已染色，直接托纸使用。

锦，亦称“华锦”，是一种多彩、凝重、古朴、厚实的真丝熟绒织品。仿宋代锦样纺织而成的，叫“仿宋锦”或“仿古锦”。

绢，古称“缣”，是种无花纹的平纹丝织品。最适合书画装裱的是生绢中的“耿绢”，其乃圆丝所织，质地透亮，面平密实，挺括性强。

天地杆，卷轴、挂轴天头部位的杆叫“天杆”，呈泥鳅背状；地头部位的杆叫“地杆”，是圆柱形。

轴头，亦叫“画轴”，安装在地杆的两端，是挂轴的坠底装饰。高档次的轴头由象牙、牛角、陶瓷、紫檀、花梨、红木等名贵材料制作。一般常用的轴头多为普通的木料制作，经油漆、打蜡。轴头形状有如意头、竹节头、蘑菇头、平头、圆头等等。

轴片，用于手卷轴杆的饰物，由轴头演化而来。轴片多以玉制，象牙、牛角及骨制的也有。

三、装裱主要工艺流程

糨糊调制

“墨以胶成，裱以糊就”（明周嘉胄《装潢志》）。糨糊对于装裱质量，举足轻重。装裱糨糊一般选用面粉调制，调制的步骤有二：洗粉，调糊。

洗粉。将面粉揉成较软的面团，置于清水盆（水要适量）中，用手像洗衣一般反复抓洗，边抓边捏和，洗出的淀粉水，用细箩过滤，直至洗尽淀粉，剩下面筋小疙瘩；往盛湿淀粉的缸里倒些清凉水，置放一段时间，淀粉沉淀成块状，倒去面上泛黄的水，新添清凉水再沉淀，等缸面上的水清澈即成。

调糊。调糊的方法有二：煮糊，抠取适量淀粉块置于水盆中，加适量温水稀释为液态；将稀释的淀粉水慢慢注入事先烧着的开水锅中，边注边以顺时针方向搅拌，至稀糊呈透明状能拉长丝止，倒入糊钵再加凉水，凉透即可使用；冲糊，用适量刚烧的开水直接冲入稀释好的淀粉钵（盆）中，边冲边顺向搅拌至糊成，凉透后使用。后一方法简便。

托绫（绢、锦）

断绫（绢、锦）。剪刀在绫的裁切点开小口，从缺口抽出一根丝，绫面即有一道跳丝，顺抽丝后出现的跳丝线一剪而就。断绢，可用断绫之法，也可先剪口子，继而用手撕开，至老边用剪刀剪断。锦的质地较厚挺，可一剪到底。

配纸、调糊。绫绢锦的托纸一般选用单宣或皮单宣，糨糊的稀稠调制以实际而定，用排笔刷糊得稀些，用棕刷即稠一点。

托素绫。绫面朝下平放案上，刷清水，扽直绫子横竖纹路，吸干水渍；上糨，左右均匀刷糨二三遍；匀糨，用排笔上下轻刷扫绫面二至三遍，至整幅绫面光亮无痕即好；去杂质，上托纸，再撤糨：托纸四边搭糊，上墙（上墙要吹气，以免粘贴墙上）。托绢、托锦的法子与托绫一样。

托染色绫。与托素绫大体相似，不同的是将清水换作调制好的颜色水（需掺骨胶水）。另有一法叫“浑托法”（用于浅色绫）：颜色水稀释糨糊，用颜色糨糊直接托染。色绢托染与色绫托染一样，锦的色泽厚重，不须染色。

托染色宣。选好宣纸，将第一张纸平铺案头，用排刷刷平（无褶皱）；将颜色水均匀地刷到宣纸上；刷好第一张，接着卷好第二张纸，像托画上纸一样上平第二张纸（两纸之间需错开约5毫米）；类推，一次染5—10张宣纸。染好的宣纸用漂杆置漂杆架上，晾干，待用。

托覆褙纸。宜选“棉连”与“重单宣”。两者可各自单独托，也可混合着托，视实际而定。覆褙纸由二层或三层宣纸托在一起：取宣纸去杂质（草根、沙拉等），面朝下一张一张地卷起，十张一卷；再取同数量的宣纸清洁后，一张一卷待作“撤水纸”；取待糨宣纸铺案上，平纸，刷糨，上纸；用备好的单张纸卷，撤入托好的覆褙下面，吸去多余水分。每托好一张即搭案边，五张一摞，用晾杆晾起；晾干后十张一摞备用。

托芯

托芯是至关重要的一道工序，有人称之为“命纸”。

配托纸。须配选与书画芯纸质厚薄相应的托纸：例书画芯是较薄的棉连或单宣，托纸则选用厚点的夹宣或重单宣；若书画芯为夹宣，即宜配较薄的棉连。托纸要选用厚薄均匀、质地细腻的优质宣纸。托纸四周要比画芯四周各多长约1厘米作“托芯余边”，上墙时用作“糨口”。上托纸，有“飞托”“湿托”二法，湿托操作方便，飞托安全稳妥。

湿托（又叫“直托、实托”）。画芯面朝下平铺案上，洒水润湿；中间刷糊“定位”，以“米”字状由内而外“平画芯”；适量蘸糊，从左而右，上下行刷，且刷且蘸，均匀轻巧；刷毕查看，有漏刷或不匀处，再找刷一遍（忌反复多次运刷）；取托纸（可借助硬纸棍或木棍）卷成卷，卷首打开约20厘米，铺在案面画芯上，对齐相应边角，上下运棕刷，将托纸排画芯上；至托纸全张覆于画芯上，回头再排一遍；托纸余边四周刷上稀糨糊，一手夹画芯一角斜慢掀起，另一手握棕刷夹另一角，提画芯移至大墙，画面朝外，调直，上墙；用棕刷固定一角，在其糨口砸两下加固，顺向另一角，砸紧上沿糨口，持续固定其余三边，随而再用棕刷垂直轻砸四边糨口一至二遍；在画芯任下角挑起一小口作起子口（也可预先在托纸余边糨口贴小纸条作起子口）。

飞托（还叫“搭托、覆托、干托”）。备好托纸和撤水纸；置托纸，刷糨糊，再衬撤水纸吸水分（可在另一个案子上进行）；画芯面朝下平整铺案上，稍洒水湿润，擦干其四周水渍，平画芯；取刷糊撒水的托纸，糊面朝下搭画芯背面，棕刷覆刷；托纸覆画芯上后，再整体排一遍，上墙。

方芯

起芯。即起下上墙经日干透绷平的书画托芯。选小而薄的起子，插入起口，轻起开相邻两边，继同时慢慢扯下另两边。气温高、干燥天不宜起芯。

方芯。画芯面朝下置裁板上，先裁齐题款、押角章的一边；扣画芯，让已裁的一边对齐未裁的对边，依画芯宽度扎针眼标识；展画芯，据标识裁齐对边；沿用前扎眼标记、裁齐另两边；依次上下、左右对折检查，如有偏差不够平行，略作齐裁修整。

下料（配料）

即为方芯后的书画裁配镶料。立轴左右边的镶料称“边”，配料宽度对等；上下边镶料叫“天地”或“天头、地头”，配料比例6：4。条屏配料数据与立轴大体相同，对联下料比立轴稍窄小些许。横披上下边的镶料叫“边”，左右边的镶料称“立柱”，“边”“立柱”配料分别对等。镜芯比其他款式配料相对大些。各种款式均有其多种配料规格尺寸，不作一一介绍。

镶活

镶局。书画芯镶接镶料之前一般先在其背面镶局条。局条用料须选上好色宣，颜色依据实际而定，预先托单宣托纸备用。书画芯大小不同，所用局条宽窄有异（窄者3毫米，宽者1.5厘米），不一而足。镶局可几张画芯一道完成：书画芯面朝下铺案上，长上短下，一幅压一幅，幅间留三分之一局条宽度的缝隙作糨口；压尺，搁护置糊，匀搭糨口；画芯一幅幅错开一定距离，局条正面朝下一一镶于糨口上，齐边；翻转画芯检查，有偏差及时调整；同法镶接另两边。

镶活。画芯镶好局条后，即将配选的镶料依次正镶局条上。镶活的顺序：一色裱立轴，先镶左右两边，裁齐边料，再镶天地头；两色裱立轴，先镶隔界边，裁齐，再镶隔界的天地，最后再在隔界天地上镶上天头与地头。其他款式画芯的镶活可参照二者。

转边

先“齐边”，将镶好的裱件左右两边方裁规整，从地头起卷作圆筒，两边戳平；在裱件两端离边际约2—3毫米处扎针标识。继“转边”，裱件面向下扣案上，压尺板，由左而右，用针锥顺齐边时所扎标识画暗痕线；上折划痕边沿，用指甲压捋一遍；沿折痕边搁护刷糊，刷至整边的一半，用糨刷推扫折边回折粘牢，再反复扫两遍；同法转好下半边及另一边。

折窜口

裱件装天地杆的部位称“窜口”，其宽度依所配天地杆的长度而定。折窜口，先折地头：裱件面朝下置案上，量定地头尺寸，折绫边折印；折印为基准对折绫（绢）；确定左中右宽度一致，用指甲捋一遍，折死；同法折天头。粘窜纸，先粘天头，后粘地头。窜口纸一般以单宣为用料。天杆窜口纸宽约6—9厘米，地头窜口纸约15—16厘米。

覆活

覆褙纸，宜选棉料单夹宣或两层单宣，也可从预先托好的覆褙纸中配选。覆褙纸四边须比裱件长出3—5厘米。上覆褙纸，类似托芯的“飞托法”：裱件面朝下置案头，两转边与天地粘窜口的糨口先刷水，再全幅裱件均匀洒水；叠起裱件闷匀水分，擦干其周边水渍；覆褙纸刷糊，撤水；平裱件，覆刷覆褙纸，全幅再排一遍。上好覆褙纸，在裱件天头贴上签纸（画签、题画签），地头贴上袢（角袢、搭杆）。

上、下墙

裱件的“上墙”与“下墙”（起活），同画芯的上下墙类似。由于上墙的裱件各部位有厚薄之别，整体干湿度不匀，从湿到干的过程中需要反复对易干的部位洒水养护。裱件下墙，应选晴天的早晨或傍晚进行。其时气候相对比较温润，裱件纸质较松缓。

砑活（砑光）

打蜡，案上刷层胶矾水，待干后铺上垫纸，裱件面朝下覆垫纸上，去杂质；取蜡板，从左到右，在裱件覆褙均匀打蜡。打蜡完即“砑活”：从上而下，自左往右，单手把砑活石将裱件覆褙砑磨二遍，再双手用力砑二遍，继而就中间部位细砑二遍；调转裱件，依上流程重来一次，再顺势在镶口与转边等处多砑几遍。

打完蜡，即剔去裱件的余边，并顺剔好的边沿用砑活石反复砑两遍。

砑活之后，还需经配天地杆、上天地杆、拴绦子、封簏、拴扎带、修整等几道复杂的工艺程序，裱件才算最终完成。

古旧字画修复，是手工装裱业里最复杂、难度最大的工艺。纸本字画修复的程序为：揭画芯，上托纸，去污渍，嵌折，上胶矾水，封缯，全色、接笔等。绢本字画因材质之异，揭裱之法也有所差别。

总之，书画手工装裱凝聚着中华民族传统文化的精髓，是一门技术复杂的传统工艺。

卷四　食品加工

坦洋工夫红茶

李健民

坦洋工夫是劳动人民智慧的结晶，是福安市最早的“中国制造”。在风雨飘摇的近代岁月里，当中华民族的生存危机与日俱深的时候，坦洋工夫以神奇的魅力征服了西方世界，在激烈的国际竞争中为祖国赢得了荣誉，为中国茶业、为地方经济、为社会民生建立了不朽的功勋。

闽东传统的茶叶品种是绿茶，制作比较简易，唯杀青、揉捻（搓揉）和干焙三道工序，家家户户都可生产。绿茶品质在很大程度上取决于原料质量，福安传统的地方良种是坦洋菜茶，该茶种树矮枝壮，叶茂质嫩，耐旱抗瘠，茶味酣醇，长期以来作为制作绿茶的原料。清咸丰年（1851）后，坦洋茶人率先用它制作红茶成功，而且成品风味独特，进而产生了坦洋工夫品牌，此后坦洋菜茶成为该品牌的首选适制茶种。坦洋工夫红茶出现在绿茶之后。与绿茶相比，无论是外形、色泽还是香气、滋味都大不相

同，这主要是因为工夫红茶的制造工艺与绿茶不同的缘故。红茶与绿茶的最大区别在于加工的过程中多了一道发酵工序，而且是完全发酵。

传统坦洋工夫红茶都是手工精细，工艺比较复杂，技术含量较高，所以称为“工夫茶”（也有一些文献写作“功夫茶”）。一般来说，坦洋工夫红茶的产制共有晒青、搓揉、发酵、烘焙、筛分、拣剔、复火、匀堆等八道工序，先期初制和后期精制各四道。

一、毛茶初制

坦洋工夫红茶采用新摘的茶树芽叶（一芽二叶或三叶）为原料。先期初制包括前四道工序，一般可由茶农在自家完成，其产品称为“红毛茶”。

晒青

这道工序的意义在于萎凋，一般就称为“萎凋”。使原料鲜叶蒸发去部分水分，以减少细胞张力，增强鲜叶柔性；并散发走部分青草气，增强酶的活性，使鲜叶内含物发生不同程度的变化，为成茶的色、味、香打好基础。

由于旧时设备条件不好，萎凋要在日照下完成，所以称为“晒青”。操作时将采摘的鲜叶均匀地铺在篾箪上让日光晒，并且频繁地翻转使之萎凋。萎凋要适度，以茶叶呈暗绿色，叶边呈褐色，叶柄呈皱纹，完全失去弹力，握于掌中不发出一点声响，展开后不再恢复原状为正好。萎凋太过则不易搓揉，发酵也难；萎凋不足则液汁难出，而且留有青涩味。如遇上雨天，只好把茶鲜叶摊置在室内，或用炭火增加室内温度，使之萎凋。

搓揉

晒青之后就可以进行搓揉，现在称为“揉捻”。目的在于使茶鲜叶的细胞破裂，让细胞汁大量流出，用开水一泡，就容易出汁而使香味浓厚。旧时茶农常用脚来“踏揉”，虽然比用手“搓揉”便捷，但有碍卫生。1941年，张天福设计的“九一八”式揉茶机正式面世，并在省内主要茶区推广后，“搓揉”就正式改为“揉捻”了。揉茶机又称为揉捻机，机揉可使鲜叶卷成条状，使毛茶外形紧结美观。

揉捻是否适当，对成茶的质量影响十分重要。揉捻室应避免阳光直射，室内温度宜低，湿度宜稍高；机揉采用轻压长揉的方法，时间掌握在60分钟左右，使茶叶的成条率达到85%以上，细胞破损率达80%以上；茶汁溢出而不滴流，使茶条索紧结，香味浓厚，初步形成其成品外形特征。

发酵

发酵是工夫红茶加工的独特阶段，它使茶叶中的多酚类物质充分氧化，形成红茶色香味的品质特征。红茶的发酵实际上从揉捻时就已经开始，因此揉捻时室温宜低。发酵之前还需“解块”，就是把揉捻形成的茶团解散开，降低茶叶的温度，以免叶内某些有效成分受热剧变。手工解块可使茶的条索外形不受损。

旧时制茶是“靠天吃饭”，把搓揉好的茶叶再放在日光下晒，借助天然的热力使之发酵；大约晒三个小时就变成红褐色，而香味亦变浓厚。如果遇上雨天，没有太阳晒，就束手无策。

现代工艺多在发酵室内进行发酵，这样便于控制温度和湿度。发酵温度控制在22—24℃，空气湿度一般要求80%以上，空气流通，使氧气供给充足，发酵充分均匀。发酵时间一般是2—3个小时，待茶叶的青草气消失，出现桂花香、果香，叶色大部呈鲜明的铜红色为适度。

烘焙

上面发酵工序结束后，将茶叶打散，用炭火烘焙，或者放在日光下晒，使初加工后的茶叶干度大约六成，“毛茶”即成。

这道工序现在一般就称为“干燥”，目的是制止继续发酵。过去多用焙笼用炭火烘焙，现在多用烘干机干燥，高温初烘，低温复火，多次翻搅，使水分蒸发，达到毛茶成品要求。

二、工夫精制

红毛茶初制好后，就进入精制阶段。这个阶段以红毛茶为原料，必须在专门茶行（茶庄）里，由专业师傅亲自操作或指点才能完成；过程也包含四道工序，精耕细作，成品就是坦洋工夫红茶。

筛分

旧时茶商将毛茶购入后，要进行再烘焙，去掉尚存的四成水分，烘至全干，然后才进行“筛分”。烘焙在焙笼上进行，俗称“茶焙”。焙笼用竹编成，样子像折腰的圆筒，笼内有活动的烘顶，茶就放在这上面。烘焙前在地面挖“焙窟”，先放木炭，再在它上面放焙笼。每隔20分钟将笼取下，放在竹历（福安方言，一种圆形平底的浅口竹器，常用来晾晒物品）上，以手翻拌一次；不可在炉上翻拌，否则茶末就会落到炉内，燃烧生烟，这样茶就有一股枯焦味。

筛分的意义在于区分出

茶叶的粗细，整理外形。这一项工序最为繁琐，也最见“工夫”，按不同手法，可以分为毛筛、抖筛、分筛、紧门、撩筛等。精制茶的工场大部分工作都在做这一项。

坦洋工夫的筛分步骤如下。

先一律过六号筛，筛下茶叶名“吊雨”，筛面茶叶如不够干脆就要过烘后再筛，筛时用手搓捏细碎，随捏随筛，此筛下之茶，品质较次，因名“渣雨”；筛面残留者为“茶珠”。“渣雨”“吊雨”各分十号：一号筛面名“头茶”，筛底交二号筛分；二号筛面为“二茶”，筛底交三号；三号筛面为“三茶”，筛底交四号；依次行之。四号为“四茶”，五号为“粗雨”，六号为“中雨”，七号为“小雨”，八号为“茅雨”，九号为“铁沙”，十号为“末”。

“头茶”至“中雨”每号须过风车。风车有两个并列的斗口，右称“里斗”，左称“外斗”，末端不开斗口为“尾斗”。风车动时，蜷缩结实的茶就由“里斗”流出，称为“正身”，由“外斗”流出的称为“圆片”，再次被风飘至“尾斗”的为“正片”。“正身”发拣，“圆片”以下交片场“覆吊”（即再筛分）。片场另置风车，“覆吊”后再过风车，此时“里斗”为“圆片”，“外斗”为“轻身”，都交发拣，等到去净片末，拣净枝梗，就为净茶。

拣剔

拣剔俗称“择茶”，拣去茶梗茶枝，使成净茶。该项工序必不可少，需用很多人力，全部是女工和童工。工资以分量论值，按劳取酬。

坦洋工夫净茶外形细长匀整，带白毫，

色泽乌黑有光（因此旧时称为“乌茶”，与英文“black tea”不谋而合），内质香味清鲜甜和，汤鲜艳呈金黄色，叶底红匀光滑。其中坦洋、寿宁、周宁山区所产工夫茶香味醇厚，条索较为肥壮，东南临海的霞浦一带所产工夫茶色鲜亮，条形秀丽。（陈宗懋主编《中国茶经》，1992年。）

复火

茶叶经过筛分后，多受湿润。为了确保茶品干脆，覆吊后装箱前需以细火补烘一次，名为“复火”。

匀堆

福安方言称为“官堆”，匀堆之目的在于调匀茶叶的粗细。一般做法，用茶箱叠成（或用板闸成）一个“围墙”，把筛分的各号茶叶逐层堆到“墙”内，堆到一定高度，撤去“围墙”的一面，用耙向外沿徐徐梳耙，使各号茶叶混合调匀。量少的称“小堆”，合并小堆则为“大堆”。官堆是精制茶的最后一道工序，之后即可装箱发售。

以上介绍的是传统的手工精制技艺。

旧时坦洋工夫茶是“外销茶”，主要为供应国际市场之需；民国中期，福安每年都有数万件工夫红茶出口。工夫茶用木箱包装，箱内先套锡箔纸以防潮湿，再内衬扣纸才可装茶叶，钉箱后外贴棉纸，印上商号，再刷桐油，装潢讲究。各茶庄的产品用溪船先运赛岐，再过驳大船运抵福州口岸，销往海外。

坦洋工夫红茶制作工艺是一项珍贵的非物质文化遗产，是百多年来坦洋茶人不懈努力的结晶。早期坦洋工夫造就了一代茶人，他们中很多人身怀制茶高艺，有的还是大师，直接参与工夫茶的产制。这些独具特点的技艺决定了茶产品的质量和风格，成为市场竞争的“软实力”。

近代福安除了主产坦洋工夫红茶，还生产少量小种红茶。小种红茶的制作工序与工夫红茶大致相同，只是在萎凋时把鲜叶放在室内的萎凋吊架上加温，采用松木片作燃料，使茶叶在散失水分的同时吸收松烟味；揉捻后再用潮湿的松木片薰焙，让茶叶尽量吸收烟味，从而形成特殊的色、香、味品质。

三、非遗保护

从晚清到民国，坦洋工夫精彩了一百年，“榷税之征输于中夏，商贾之利施及西洋”，为国家利益、为社会民生做出了贡献，也为世界送去了许多地方风味。

20世纪50年代后，茶叶产销纳入国民经济计划，实行统购统销管理，坦洋工夫的生产和经营者改为国营茶厂和茶叶公司。1969年，福安实行“红改绿”，国营茶厂只继续生产少量工夫红茶供应苏联和港澳地区，主要加工烘青绿茶窨制茉莉花茶供应国内市场。1984年，我国开始实施茶叶流通体制改革，福安茶人根据市场的需求，形成比较齐全的茶类格局，其中包括坦洋工夫红茶。

进入21世纪后，福安人民开始重振坦洋工夫红茶雄风，坦洋工夫红茶制作技艺的传承和保护受到重视。

2006年，“坦洋工夫”获“中华人民共和国地理标志保护产品”称号；2010年，“坦洋工夫”被国家工商行政管理总局认定为“中国驰名商标”。

“坦洋工夫茶制作技艺”，2009年，被福建省政府列入第三批省级非物质文化遗产名录；2021年，被国家文化和旅游部列入第五批国家级非物质文化遗产名录。

2018年3月29日，中国茶叶流通协会根据《“中国茶乡”认定管理办法》的有关规定，命名福安市为“中国红茶之都”。

2022年11月，“中国传统制茶技艺及其相关习俗”在摩洛哥拉巴特召开的联合国教科文组织保护非物质文化遗产政府间委员会第17届常会上通过评审，列入人类非物质文化遗产代表作名录，该项目包括坦洋工夫红茶。

2023年3月15—17日，“首届中国红茶大会暨坦洋工夫茶旅文化节”在福安市举行。这次盛会将进一步推进坦洋工夫茶产业、茶文化、茶科技的发展，为坦洋工夫茶制作技艺及相关习俗的保护和发展、推动茶产业成为乡村振兴的主导性产业起积极作用。

福安红板糖

李健民

蔗糖生产在福安有着悠久的历史。明万历《福安县志》就有出产砂糖的记载（明陆以载《福安县志》第一卷《舆地志·土产·货类》）。万历年间，还有一位叫王世懋的福建老乡为我们简要地记录了当时的制糖过程："饴蔗捣之入釜，径炼为赤糖。赤糖再炼燥而成霜，为白糖。白糖再煅而凝，则曰冰糖。"（明王世懋《闽部疏》）

历史上福安的制糖业与制茶业同为地方经济的重要支柱。明清时期，福安只生产赤砂糖；到了清末，开始有了白砂糖；民国前期，土产白砂糖面临着"洋白"（机制白砂糖）的竞争，于是福安人就转而生产红板糖，以此同"洋白"博弈。福安红板糖色鲜、味美，而且又有健脾暖胃、温中散寒的功效，不但为广大闽东乡亲所青睐，而且受到福州、温州等城市人的欢迎。20世纪40年代，福安县每年出口（指运售本邑以外）红糖1250吨，是仅次于茶叶的出口物资。1959年，福安红板糖荣幸地入选全国农业展览会参展，更使这三寸见方的黑红色的甜味板块名扬天下。

生产红糖的场所是传统的土糖寮。在没能用上现代机器设备的年代，土糖寮就是当时的"糖厂"。糖寮分榨汁和熬炼两个部分，相当于糖厂的两个车间。"压榨车间"是一个临时搭盖的茅草寮，"熬炼车间"是一个简易的瓦寮，两个"车间"紧密相连。

糖寮制糖的第一道工序是"榨汁"，先把糖蔗的汁榨出来，然后熬炼成糖。旧时"榨汁"所需的动力是用水车或牛车。引水比较方便的地方就用水车；反之，只好用牛车。水车比较麻烦，但工作效率高；牛车的装配比较容易，但效率低，且影响糖寮的环境卫生。近年来，由于糖蔗原料大大减少，多改用电或者柴油为动力，就多用压榨机。

以水车寮为例，先把水渠上游的水位升高，使流水顺畅地进入水车所在的渠道中。同时在寮屋靠近水渠处竖起一个2米多高的木质机架，中间

横向安装两个直径约40厘米的圆柱体石碾子（乡亲们称之为“车身”）；两个石碾一上一下紧靠在一起，上碾2米长，下碾3米长，下碾长出的部位与寮外的水车中轴相连。水激车动，石碾跟着转起来，通过木齿轮带动上碾向另一个方向转动。这时迎着流水方向把糖蔗塞进两个石碾的间隙，就可以榨出汁来，这就是“榨机”。新鲜糖蔗要在榨机过4遍才能榨干。蔗汁顺着安在机架下面已打通内节的毛竹管引流到“熬炼车间”的大木楻中。榨汁时榨机两侧各有一个苦力：一个通过方形的木质“车嘴”不断地往石碾间隙填塞糖蔗，称“饲车”；一个在榨机的另一头，不断地收拾从对面过来的榨过的糖蔗，称“拾粕”。两人都是站着干活，12个小时下来，腰酸背疼脚肿胀。一般情况下，压榨与熬炼基本同步，难得休息，连大小方便都要请东家替一手。只有当榨出来的蔗汁来不及熬炼时，才能有片刻的休息。

糖寮“熬炼车间”的灶口开在灶墙外，向着“压榨车间”，由于灶口较低，形成一个“灶间窟”。烧火很损人，需要两个劳力，互相照应。

燃料有柴草、蔗渣和糖蔗自身的壳叶，有时甚至还烧稻秆等；稻秆烟大火弱，是不得已而用之的劣质燃料。灶膛备有一根铁火棍，两三米长，用来翻搅燃料，使之充分燃烧。灶火的大小根据熬炼过程的火候决定。人在高温的“灶间窟”待久了，心烦气躁；遇上大冷天，后背前胸简直就是“冰火两重天”；要是遇上雨雪天，更让人难耐五更寒。

“熬炼车间”一般有100多平方米。糖灶与“压榨车间”隔墙。糖灶上五个大锅围成一圈，头两个叫作“清（qìng，清冷义）炉”，给刚上灶的冷蔗汁预热；挨着的是三个大锅，依次叫“头鼎”“二鼎”“三鼎”，熬煮不同火候的糖汁。“三鼎”的糖出锅以后，原来“二鼎”的糖汁就进到“三鼎”，其他的类推；新的一锅糖就这样循环开始。一个糖寮一个昼夜可以熬制10锅红糖。熬炼红糖是一个技术活，得请专门师傅。

一锅糖熬炼完毕，要立刻将引流到大木楻里的蔗汁淘到清炉预热。大木楻安置在墙根的坑里，盛足蔗汁的木桶有五六十斤重，“东家”将汁桶举过头面，师傅站在上方接着，倒入清炉，连续反复八九次，一口气将清炉倒满。

清炉加热到沸腾，要用笊篱捞去浮在表面的泡沫，以清除蔗汁里的杂质，直到捞干净。这时制糖师傅开始往各锅施放石灰粉，用以中和蔗汁的酸性。放多少石灰粉才算“适量”，全凭师傅用鼻嗅。高明的师傅能恰到好处，这样熬制出来的红糖才可能是上佳产品。

灶火越烧越旺，三个锅的糖汁也越来越浓。师傅用长柄瓢不停地探着锅底，以防糖汁烧焦“坐锅”。等到“三鼎”的糖汁呈“牛目”状，糖也就熬得差不多了，糖师傅就用蘸过凉水的手去“试糖”，看看火候是否正好。火候一到，东家赶忙跑到寮外吩咐灶间立即停火。接下来是下箪，打糖，凉糖，划块，起糖，这些活都是东家配合师傅一起完成。

下箪要快，三五下就要把熬制好的糖汁从“三鼎”清理干净，全部下到糖箪里。糖箪可用晒谷的篾箪代替，箪下四向各垫一根毛竹，形成一个临时的“糖池”；盛糖汁的木桶要深，桶把要长，这样才能既盛得多且快又保证不被烫伤。如果是白天，这时常有妇女儿童拿着蔗节来“缠糖槌”

（往糖簟里蘸糖汁，使缠在蔗节上）。糖槌甜美极了，寮内充满着快乐的说笑声和东家驱赶缠糖槌者的吆喝声。

“打糖”这一关很重要，东家和师傅两人相向在糖簟两侧快速翻搅，下到簟里的糖汁都要反复翻搅过，让糖汁与空气充分接触，使之尽快凝固，同时把糖汁快速摊开、摊均、摊平。打糖配合要默契，最忌两把糖刀相碰撞，因为溅起的糖汁很容易把人烫伤，而滚烫的糖汁粘到人的肌肤又很不好清除。打糖专用的“糖刀”，样子有点像大写的“L”，角度大致120度，把柄约2米长，刀身大约30厘米长；刀和柄连为一体，用杉木条制成。摊平凝固后的糖块凉到不烫手时，才可以“划块”。把镰刀绑在竹竿上就成了划块刀，糖块大小没有统一的规定，大多划割成边长为10厘米左右的小方块。“凉糖”时间视天气和气温而定，一般需要20—30分钟。等到凉得差不多了，就要赶紧“起糖”；千万不可凉过头，否则糖块就紧粘到竹簟上，很难起了；就是起了，也会散得不成样子。起糖后，红板糖成品就算完成了。

过去每年腊月正是土糖寮大显风光的时节。那悠悠呀呀的水车，那慢慢腾腾的牛车，送走了多少岁月，留驻了多少乡情！直到20世纪六七十年代，福安全县还有土糖寮160多座，其中水车寮就有20多座。1986年，位于赛江边的福安糖厂建成投产以后，大多数土糖寮熄火，坚持下来的几座糖寮成为传承这一传统技艺的阵地。

穆阳线面

李健民

这是一种很有文化性格的食品。

中国这样大，也许不少地方都有线面，但是恐怕只有福安穆阳的线面

和面

开大条

搓小条

上条

上柜

拉面

最为名副其实。

穆阳的线面有三大特点：一长，二细，三韧。多长？福安人吃“寿面”一定要用这种面，一大碗放在桌中央，要不是用碗碟接着，一箸子挑起，准要爬到桌子上去才能真正夹起。多细？和过去缝棉被用的棉纱线差不多，又白又细，唯其然才有这“线面”的美称。多韧？请到做面工场看一看便知，面师傅硬是将一个面粉团拉拽成数米长的“细线”，你说它有多韧！

线面的制作可是一门艺术。

先要选上好的精粉（一般每场面40斤），配以适量的水，加上些许精盐（一般冬季七八两，春夏酌情增加），在盆缸里搅和成面糊，再和成面团。这个时候“量”是最为关键的。多少水，多少盐？没有教材，没有公式，全靠师傅言传身教；不同的季节、不同的天气有着不同的“配方”。手艺就是这样传承的。

和好面以后就开始“制条”。面师傅将和好的面团压扁，切成条状，叫“开大条”；再将大条抹些植物油，搓成“小条”，暂时盘入盆缸之内，同时洒些薯粉，以防粘连；待一会儿再把小条挂到面竹（一种专用的小竹棍，大约2尺长）上，这道工序叫“上条”，也称“戽面”，上条后适当洒些薯粉。开大条，搓小条。上条，心要细，条数要均匀，不能忽大忽小。

现在开始拉面了。这一道工序最为要紧，也最见工艺。拉这种线面很讲究韵律，它绝不能像兰州拉面那样，一口气拉下去，直到可以下锅。而是先把盘在盆缸里的面条挂在面竹上，然后将一端面竹固定在支架上，双手则握住另一端的面竹，屏气，躬身，马步，用力上扬，拉拽。一次不能拉得过长，拉好后就把这一端也固定在支架上，让自然风和太阳光晾晒；为了避免黏结，拉好上架前要适量洒一些薯粉，上架后还要不时地用细竹棍分梳。如此多次反复，一次比一次细，一次比一次长，一次比一次干，直到最后成品出来。当然，“下一次”与“上一次”之间要隔多久，要因时因地因气候因季节而定，这可又是一个手艺问题了。晾晒线面用的支架也是特制的，一副架子有两个，分别放在两端，中间用厚木板连接；木板上面钻有许多小圆孔，这些小圆孔用来固定拉面用的面竹，根据拉成的长短，将小竹棍插在相应的小圆孔当中。

一般的做面专业户都是好几个“面架”同时进行，远远看过去，一架架线面好像一幅幅正在晾晒的白绢，美丽极了；而穿行于其间的做面师傅，简直就是一个舞蹈演员，举手投足，弯腰躬背，辛苦极了，也优美极了。

线面的包装也挺讲究。成品出来以后，要分成一绺一绺的，不能切断，收成大约半米的长度，然后用红丝线扎住“头部”，称为“只”；一般情况一公斤线面可扎八“只”，这就是传统的“红头线面”。这种线面可是过年过节、生日寿诞等“好日子”不可或缺“彩头”食品，也是送礼宴客的吉祥佳品。

福安许多地方都生产线面，但是公认穆阳人做得最好。其他地方的面师傅也宣称自己的手艺是出自穆阳师傅的真传，所以福安的线面又称为“穆阳线面”。“穆阳线面”成了一个品牌，一种文化。穆阳线面又以苏堤为最，全村有500多人从事线面业，村里共有10多家线面企业（专业户）、10多家线面业合作社。专业户与合作社互相依存，专业户挂靠合作社，合作社联系专业户；合作社负责原料供应、产品销售和工艺技术的改进提升，专业户一心一意把线面做好。为进一步拓展线面市场，合作社抽派销售人员走访老客户，巩固已有市场，还开发了江苏、广东和东南亚的市场，增加订单量。近年来，苏堤年产线面1万多吨、产值6000万元，线面真正成为村里的“支柱产业”。2019年，苏堤被福建省农业农村厅公布为2019年度省级“一村一品”（线面）示范村。

为了提高产品的竞争力，根据市场的需要，穆阳人对传统线面进行了革新，改变过去单一的商品形象，除了传统的“红头线面”之外，还有许

多新的制式、新的包装；穆阳人还加大气力扩大市场，不但将产品卖到外省市，许多城市的商超里都可以看到穆阳线面亮丽的倩影；穆阳线面甚至还打进国际市场，身着彩衣漂洋过海，登陆新加坡、法兰西等地，这应该是我们的先人做梦也不会想到的吧。

2010年9月，福安市穆阳线面协会成立。协会组织会员开展科技咨询、培训、交流、宣传等活动，提供线面加工包装等技术服务；探索和改善线面包装等技术，提升产品的附加值；掌握市场动向，提供市场信息，建立营销队伍，组织流通、扩大市场销路等。2011年6月，国家工商行政管理总局核准“穆阳线面”注册中国地理标志证明商标。2016年12月，苏堤华盛线面专业合作社被国家农业部、发改委等九个部委局评为“国家农民合作社示范社”。

穆阳线面人在发展壮大自身产业的同时，还带动穆云、康厝畲族乡的畲族村民加入线面产业。好穆阳线面合作社、华盛线面合作社经常引导畲族村民到合作社观摩、学习新技术、新工艺，促进民族团结，共同脱贫致富、奔小康。

福安光饼

李毓贤

福安是闽东的产麦区，福安的糕饼历来享誉四方。福安糕饼中有一种叫“挂饼”的面食，制作时掺和少许食盐、中间打个小孔，可用绳子串起来，又不容易变质，很受喜欢。

相传，明朝嘉靖年间，戚继光率军入闽平倭，连日阴雨，军中无法生火做饭。福安人民为了支援戚家军，制作了许多“挂饼”给戚家军作军粮。对戚家军来说，这种可以挂在脖子上军粮实在再好不过。不但便于携带，而且不易变质，还可以在紧张的行军打仗间隙随时食用。戚家军有了这随身的军粮，真是如虎添翼，不久便胜利讨平了倭贼。人们在缅怀戚家军赫赫战功的同时没有忘记“挂饼”的贡献，就改称它为“继光饼”“戚公饼”，后来就简称为“光饼”。

类似故事福建流传甚广。晚清施鸿保在《闽杂记》中说：“光饼，戚南塘（戚继光，字元敬，号南塘）平倭寇时，制以备军行路食者。后人因其名继光，遂以称之。今闽中各处皆有，大如番钱（银元），中开一孔，可以绳贯。”

“光饼”成了福建最有特色的饼类小吃，也是历史最久、分布最广、文化内涵最为丰富的食品，它不仅仅是一个饼，更是一段历史记忆、一种文化的传承。光饼在福建到处可见，但各地光饼形式大同小异，口味却不尽相同，形成不同流派，主要有闽东光饼和闽北光饼两大主流。

闽北光饼以建瓯为代表，制作时揉入肉末与葱花，或加入虾干与韭菜（如松溪、建阳水吉等地）等，近似于葱肉饼。

闽东光饼以福安为代表，讲究“铜面铁底棉花心”：铜面——光饼表面丰满焦黄，色似古铜；铁底——饼底脆而坚硬；棉花心——饼内松软可口，略带咸味。

福安光饼以纯小麦粉为原料，不掺夹其他食物，尽可能保持原汁原味。初入口，略带咸味，接着越嚼越甜，越嚼越香；福安光饼，脆而不酥，便于携带，不易变质，符合典籍中描述的军粮特征。

福安光饼还传递了一种文化现象。那“铜面铁底棉花心”的形象特点，充分表现福安人民刚强正直、坚韧不拔的性格；那咸中带甜、那越嚼越有味的品性，展示了福安人淳朴厚重、善于包容的胸襟。

福安光饼的制作是个复杂过程，包含揉面、发酵、掐剂、搓圆、擀压、戳孔、贴饼、烘烤、定色、取饼出炉，十几个步骤。面粉发酵后，

切块揉匀，再搓成条状，然后掐成一个个小面团，揉成一个个小圆球，用一种状似手榴弹的“饼棰”擀成饼坯，然后用“饼棰”柄往饼坯当中压一个洞，摆放在竹匾中，等待入炉烘烤。

过程虽然繁复，却是一个令人陶醉的艺术体验。郑万生先生在《童子光饼谣》一文中有一段精彩的描写：“听！嗒嗒嗒噼，嗒嗒嗒噼……闷脆相揉，快慢有度，美妙极了！擀完饼旋即用饼锤尖一点，在饼中点个窟窿，而后像一只蝴蝶从空中划道弧线轻轻飘过，不偏不倚，准准地落在案板一头大匾的光饼群中。”（《荒寒岁月》，2000年）郑先生既写出饼师傅的娴熟技艺，又揭示出饼师傅劳动过程中内心的愉悦之情，更给观摩者一种美妙的感受。

做完饼坯，就待烤饼。烤饼的饼炉是用粗土陶缸制成，缸与日常储水的水缸相似，只是缸口略小而无底，底部接地，缸外用木桶围住，中间填充拌盐黄土并夯实，既耐火又保温。饼坯入炉前，必须先将饼炉烤热。烤炉时先在炉底窝一堆烧红的松木炭，从下往上烘烤；再用一个带着长柄、四面镂空装满烧红松木炭铁篓，用铁链悬挂于炉内，从上往下烘烤，使炉壁均匀受热。当炉内烤热后才能贴饼，只有这样才能保证光饼的“铁底”，既坚硬而又松脆。饼是整齐规则地贴在炉壁上的，所以称作“贴饼”。贴饼手法讲究快、准、稳，就是要眼疾手快地把饼坯贴在缸壁上。要知道那种木炭炉子温度极高，一不小心，就有可能被烧伤，所以要快、要准、要稳。

贴完饼坯，师傅会用一把长毛棕刷子（形状如同大号毛笔）蘸上清水，在炉里一拧一抖，趁热给每片光饼表面均匀地洒上一层清水。洒水必须均匀，不能太多，也不能太少，每片饼的表面都得洒到，目的使光饼表面更加光亮，更加丰腴饱满。然后迅速盖上盖子，让光饼带着水蒸气在炉里先将饼坯蒸熟。闷炉时间长短，全凭饼师傅根据具体情况而定。

两三分钟后，打开盖子，将盖子竖起，立在缸口中间，把缸口分成两半，并用蒲扇对着缸口的一半煽动，让炉内的水汽从缸口的另一半飘出。动作由慢而快，由轻而重，最后猛扇几把，驱尽炉内的水蒸气。这种扇呈倒置的簸箕形，是用篾条和棉纸做成的，扇轻而风大。当水汽全部扇出之后，饼师傅重新将那篓点燃的松炭垂入炉中。这时吊挂炭篓的铁链换成了弹簧（过去用皮筋），便于上下活动，使炉内温度继续上升，让每片光饼均匀受热。同时饼师傅也借炭火的光亮观察炉内火候，看哪部分饼面呈现焦黄，就用火钳夹块铁瓦将这一方向的炭火盖住，以免烧焦炉内光饼。其余继续烘烤，直至一炉光饼基本烤成。烤成后，饼师傅一手拿着镶有把柄的簸箕一样的小盆子，一手拿着铲子，从炉壁内铲下光饼，到此，一炉光饼就出炉了。

这样烤出的光饼松脆相融，咸淡可口，特别刚出炉的一刹那，饼香是极馋人的！

光饼制作，烤饼是最重要的环节，福安民间还流传这样一首叫《做饼歌》的“谜诗”：

曹操点兵下江东，周瑜设计用火攻。

张飞城头坐水坝，孔明助了三扇风。

这首谜诗用典雅的比喻，含蓄、幽默、形象地描写了光饼烤制过程的贴饼、烤火、洒水、煽风四道工序。

斗转星移，随着岁月的积淀，福安光饼甚至成了游子思乡的情感寄托物。那些身在异乡为异客的福安乡亲谈论最多、思念最多的就是故乡的光饼。归乡的游子上街的第一件事就是赶紧买块光饼解解馋，当他们再次外出时，也总要携带些家乡的光饼分给外地的乡亲，聊以慰藉他们的乡愁。

福安光饼的食法，在当地可谓被发扬光大到极致。搭配光饼的吃法非常多，最经典的莫过于“光饼夹豆芽”，福安人还给它取了个十分洋气的名称：“金丝汉堡”。做法并不复杂，取上好豆芽、葱段洗净，炒熟调味盛出备用（豆芽别炒得太烂，见熟就可）；卤上一盆香喷喷的肥瘦相间的卤肉（也可以用肉片与豆芽一起炒熟）；用刀把新鲜出炉的光饼沿边缘切开，将豆芽、卤肉一起夹入光饼中，一口下去，既有光饼的香脆韧性，又有豆芽的脆爽清甜，更有卤肉的香而不腻。

此外，还有“光饼夹蛎包”（蛎包即油煎海蛎）、“光饼夹油朴”（油朴即猪油渣）、“光饼夹豆干”等等；光饼还可以炒着吃，煎着吃，煮着吃，以光饼为主的食材进行搭配的街头小吃，种类繁多，不胜枚举。

福安光饼历史悠久，口味独特，影响区域十分广泛，周边县市，甚至省外浙南等地人们提起福安光饼，无不交口称赞。但福安光饼却有一种令福安人感动的“乡土情结”。饼师傅们都说，他们曾经到外地去做光饼，开拓市场，可是都没成功。尽管一样的材料，一样的师傅，一样的手艺，却产生“橘生淮南则为橘，生于淮北则为枳”的结果。福安光饼只要一离开本土，味道变了，也不再“铜面铁底棉花心”了。只有在福安，那才是福安人公认的、一直追随的老味道。

芙蓉李干

陈国栋

李是蔷薇科樱属落叶小乔木，叶互生，倒披针形或倒卵形，果实称李子，圆卵形，熟时红紫色或黄色，可生食或作蜜饯食用。

福安盛产李，编修于明万历二十五年的《福安县志·土产》就有关于李的记载，还列举了李的许多品种："麦李、蜜李、御李、粉李、黄蜡鹅、黄胭脂等。"其中"粉李"，福安人称为"醭李"，因李果表皮有一层福安人称为"醭"的果粉而得名。由于芙蓉李的品质特佳，后来逐渐成为福安李的主要品种。

福安芙蓉李是福安市具有地方特色的传统名优水果，是在长期的风土适应过程中培育出的地方优良品种，素有"李中珍品"的美称，具有果粉多、颗粒大、果肉厚、果核小、不粘核、耐储存、甜酸适中等综合性状极佳的品质特性，不仅可以鲜食，更是加工供出口的上乘蜜饯原料。以芙蓉李为坯制作的加应子、玫瑰李、芙蓉李干等系列蜜饯，口味独特，具有原果鲜味。

福安市芙蓉李种植面积4.7万亩，年产量4.9万吨；潭头镇是福安芙蓉李主产区，该镇芙蓉李种植面积3.1万亩，年产量3.2万吨，居全国之冠。2013年，福安芙蓉李入选原农业部优质农产品开发服务中心全国名特优新农产品目录。2014年5月22日，当时的国家农业部正式批准对“福安芙蓉李”实施农产品地理标志登记保护。2017年2月19日，“闽东芙蓉李干制作技艺”项目被福安市公布为第二批传统技艺类非物质文化遗产。2020年5月20日，福安芙蓉李入选2020年第一批全国名特优新农产品名录。

盛产李果的潭头也盛产李干。这里制作李干的自然条件好，加上制作历史悠久，技术纯熟，使李干成为潭头的品牌特产。这里三面环山，东溪（长溪的支源之一）穿境而过，受三大山脉影响，形成特殊的区域小气候。南部由于棠溪（武陵溪）、东溪及其支流的长期侵蚀和堆积作用，形成河谷冲积平原；地质为沙壤土，土质疏松、肥沃、透气性强，拥有适宜芙蓉李根系生长的天然优越的地理环境。分布在东溪两岸的大庄、秀庄、洋中、建柄、东昆等村，更有着溪畔开阔的平坂沙滩，地势平坦，为村民提供制作李干用的曝晾场所。

一、芙蓉李的栽培

福安芙蓉李作为地方特色的知名物质遗产，凝聚的是李农的智慧与力量，浇铸的是李农的汗水和艰辛。

地块选择

芙蓉李的生命力比较顽强，冬天最低温大于−6℃，开花期气温不小于−0.5℃，交通便利、光照足够、不缺水源且不容易积水、土层深沉、土质宽松的砂质土壤都能适应芙蓉李的种植。

栽植条件

秋后至立春前是芙蓉李的最佳栽植期，以苗木萌芽前定植。每亩一般种植30—40株。应挑选种类纯粹、根系兴旺、嫁接口完好，没有检疫性（根瘤）病虫害，有3—4个分枝的强健苗木栽种。

肥水治理

根据芙蓉李的成长情况，一般在10月25日到11月20日之间（芙蓉李落叶前），在定植穴外一侧开宽50—60厘米、深40—50厘米、长约1.5米的沟，分层压埋绿肥、杂草、有机肥等。在定植以前要深翻改土，保证足够的基肥，在来年进行扩穴，以利新根生长。在农药、化肥等的使用上，必须符合国家的相关规定，不对环境造成污染。

修剪技术

树干长到50—60厘米的时候，可以进行定干。抹除干高30厘米以下的树芽，等萌发新梢大约2厘米的时候，选择3—4枝不一样的偏向角度、生长比较健壮的新梢作为主枝，其他摘心作为辅养枝。夏季经过摘心，疏梢培育结果枝组，冬天对主枝延伸枝留50—60厘米短截。

对幼龄树的修剪，应联系整形持续，使树冠发育均匀，宁轻勿重，多疏少截，以利于构成短果枝和花束状果枝。

对成年果树的修剪，应依据结果枝的发育情况区别对待。对1米以上的长果枝约剪去1/3，对中果枝约剪去1/2，促使萌生更多的发育枝。对营养枝只能持续轻剪，对徒长枝在发育时节就应疏除，对已朽迈的结果枝基枝应实时回缩更新。

病虫害的防治

芙蓉李主要病害有细菌性穿孔病、红点病、流胶病、炭疽病和缩叶病等；主要虫害有蚜虫、桑白蚧和李小食心虫等。福安李农每年都在农技专家（农艺师）的指导下，适时做好防治，确保李树的健康成长。对于病虫害的防护，除了适当使用农药外，还设置器具、网罩、纸袋、塑料膜及灯光诱杀等辅助设备，进行防护。

适时采收

依据李果成熟度、加工用处、种类的特征等判别适合的采收时间，对采收的果实应持续分级处置，尽可能维护果面的蜡粉，防止机器毁伤，以加强果品的储运性。

二、芙蓉李干的传统制作

福安芙蓉李是在长期的风土适应过程中，经过历代李农与当地农经科技工作者的精心努力培育出的地方优良品种，除了鲜食而外，更多的是制作成李干。以下是福安芙蓉李干的传统技艺制作流程：

选果

熟透了的芙蓉李特别香甜，不仅口感好，水分也多，但是不宜制作李干，因为经受不了几道工序的“折腾”。制作李干必须选用8至9成熟的芙蓉李，通过人工挑选，把病虫果、烂果挑拣出局，同时剔除树叶、果梗等杂质之后方可。选好的李果再按颗粒大小区别品质，分别作为原料加工成李干，以便于市场销售时论质定价。

摇青

每100公斤芙蓉李鲜果，加入80克左右的草木灰（近年由于草木灰较缺，多用谷壳灰替代传统的草木灰），使用手工或机械摇青。至果面呈均匀的划痕，且果皮稍显软状之后，用清水洗去草木灰使之干净。这道工序主要作用是去掉附着在果皮表面的蜡质层、果粉及其他杂质；划破

表皮，以利于盐分渗入（如制作“原干”，后面工序则不用加盐腌制，但不易保存）。

摊晒

摊晒的目的是让芙蓉李果瘦身，摊晒时间取决于其吸收的热度，及其果胚水分蒸发的程度而定。李果收成季节正值三伏盛夏，阳光强烈；如果连续晴天，五个白昼即可风干。摊晒场地选择平坦干净的河滩，铺上竹垫或环护膜即可。此流程忌在摊晒期间突遇暴雨，致李果淋湿后表皮皱纹变得光滑（俗称“和尚头”），盐分流失，影响品质。

腌渍

依消费者对李干的口感要求加入适量的食盐进行腌渍。可在经过一两次摊晒后，果胚体积缩小时进行。第一次腌渍可在果色转红褐色时收起进行；第二次腌渍要等晒至皱纹明显，果色变为棕褐色时收起进行；第三次腌渍要等李干晒至皱纹细密均匀，表皮黑褐色，含水量在28%—33%之间方可进行。若加工期间遇雨天或阳光不能满足摊晒要求，可通过烘焙替代摊晒。

焙干

此道工序是因为缺乏阳光或风干条件下，导致已经腌渍后芙蓉李变质而设，即通过热能设备将其水分排出，达到干果的目的。传统的工序是以木炭为热源烘焙的。

附：芙蓉李干成品的质量要求

色泽：呈棕褐色或黑褐色，有光泽。

形态：肉质柔嫩，组织饱满。

组织：成正果，颗粒完整，表面皱纹细密、均匀、干爽。

滋味：甜酸适口，无砂齿感，保留原果风味，无异味。

杂质：无肉眼可见外来杂质。

理化指标：水分28%—34%，总糖（以还原糖计）20%—30%，总酸（以柠檬酸计）1.0%—3.0%，食盐3.0%—7.0%。

安全要求：产品安全指标必须符合国家对同类产品的相关规定。

畲族乌饭

雷瑞华

每年农历三月初三，畲族群众都用畲家纯手工乌饭技艺来制作乌饭，其制作技艺世代延续，代代相传。

相传唐代畲族英雄雷万兴率领畲军反抗官府时，被朝廷军队围困大山里，援绝粮断。雷万兴便吩咐部下在大山里寻找替代食物。当时，山里唯有一种名叫乌稔的野生植物，落叶以后枝条上还挂着串串像珍珠一样的甜果，兵士们采了一把带回营中给雷万兴品尝。雷万兴吃后立刻感到满嘴流蜜，十分香甜，便传令大量采集这种野果充

采摘乌稔树叶做乌饭

饥。兵士们恢复体力后，战斗力倍增，取得反围剿的胜利。

翌年三月初三这一天，雷万兴想吃当年的乌稔果，便吩咐畲军去采些乌稔果给他开胃，可是这时正是春天，哪里去找甜果呢？兵士们只好将乌稔叶子采回军营加工后和糯米一起炊煮，结果糯米呈现出同乌稔果一样的蓝黑色，且更香甜可口。雷万兴吃了乌米饭食欲大增，他下令畲军蒸食乌米饭，并传入畲家。后来畲民为了纪念民族英雄雷万兴率领畲军反抗官军的胜利，为了进一步弘扬畲族先辈仗义刚直、勤劳勇敢、纯朴善良的精神，在每年农历三月初三这一天，畲家都会制作乌米饭，一直流传至今。

闽东畲族乌饭制作主要有选材、加工、浸泡、蒸熟等工序。

每年农历三月初三前，畲族群众到深山中，在向阳的山坡上采摘乌稔叶，主要选取当年刚长出的嫩叶回来，这样制作出的乌米饭香味纯正、乌黑发亮。采摘时注意保留乌稔树的活力，以便来年继续使用。采摘者根据个人不同的需求选择叶子。并选择品质好、黏性较强的糯米做原料，这样制作出的乌米饭口感更佳。

采摘回来的乌稔叶捡去杂物，用清水洗净，倒入竹匾中晾干，避免叶子发黄。用厨刀将晾干的乌稔叶切碎，放到石臼里捣烂，捣出深绿色的汁液时即可使用。

将捣后的乌稔叶渣放入铁锅，按每10斤乌稔叶加15—20斤清水的比例加水，稍为加热（以手触汤不烫手为宜），在锅中反复捞洗3—4分钟即可。

捞起乌稔叶液和渣，置于麻布袋，在袋中把叶渣过滤掉，汁液滤入桶中，在过滤时要注意渣汁分离越干净越好。汁中若含有杂质，则直接影响乌米饭的质量，所做的乌米饭有苦涩的味道。过滤后的暗绿色汁液经1个小时左右沉淀，再用来浸泡糯米。

精选糯米，洗净，按10斤乌稔汁液浸泡30斤糯米的比例，倒入一定数量的糯米到容器中，将已沉淀好的清乌稔汁液倒入糯米中，浸泡12—16个小时。乌稔叶汁要浸没糯米，使每粒糯米都浸透。

捞起浸泡好的糯米，滤干水分，置于饭甑里。先将装满1/3糯米的饭甑置于铁锅中蒸煮，待蒸气冒出再续加糯米，蒸煮过程饭甑不加盖。大约30分钟，乌米饭就蒸熟了。蒸熟的糯米饭乌黑光亮、香气扑鼻。乌饭制作工艺全程完成。

乌米饭纯属天然食品，而且易于保鲜贮藏。畲家人常将制作好的乌饭置于阴凉通风处备用，数日不馊。

畲族的乌饭制作技艺是畲族人民世代相传的手工技艺，它不但是为了纪念畲族英雄雷万兴，而且承载着一个民族的文化记忆。

每年“三月三”将近，福安市400多个畲族村寨的群众，都会上山去采摘乌稔树叶，制作乌米饭，以传承畲族文化，纪念畲族先辈的忠勇精神。

乌饭制作技艺是畲族珍贵的非物质文化遗产项目。近些年来，一些畲族村寨办起专业作坊，常年制作乌饭，不但增加了经济收入，更使这一非物质文化遗产得到“活态”的保护。

畲村白曲

雷瑞华

曲，作为“麴”“粬”的简体字，是指酿酒或做酱用的发酵物。它含有大量能发酵的活微生物或其酶类的发酵剂或酶制剂，一般用粮食或粮食副产品培养微生物制成。我国古代劳动人民在制曲方面有悠久的历史和丰富的经验，在长期的制造与使用酒曲的实践中，人们又根据不同的酿造需求生产出不同的酒曲，如小曲、大曲、酒药、黄曲、红曲、白曲等。

畲家制作白曲家酿米酒已有悠久的历史。传说明代正德皇帝微服私访，曾来到福安三十五都江竹林村留宿畲家，因畲民好客，热情招待，故而将皇宫中制曲和酿酒的秘方传授给畲家，该秘方一直流传至今。今福安市湾坞镇半岭畲族村江竹林自然村仍流传着正德皇帝当年的题诗，人们又称江竹林为“官至林”。此秘方历经五百余年的流传和演进，在闽东畲村广为流传。

畲族白曲的制作是一项极具特色的传统技艺。

首先要备好原材料和所需器具。包括挖取无沙质白色高岭土，晒干捣成粉状；将稻谷磨成粉备用；选用当归、姜黄、山萘、红扣、川朴、白芷、桂子等50多味珍贵的中药和畲药依比例制成粉状；将作为酵母的陈年白曲碾成粉状；备好木斛（一种方形，口小，底大的量器）、搅棒、筛盆、糠筛、切刀等器具，还要准备适量的稻草、净水等。

以上准备工作停当后，选在夏秋季节的“三伏”天，或“白露”节气

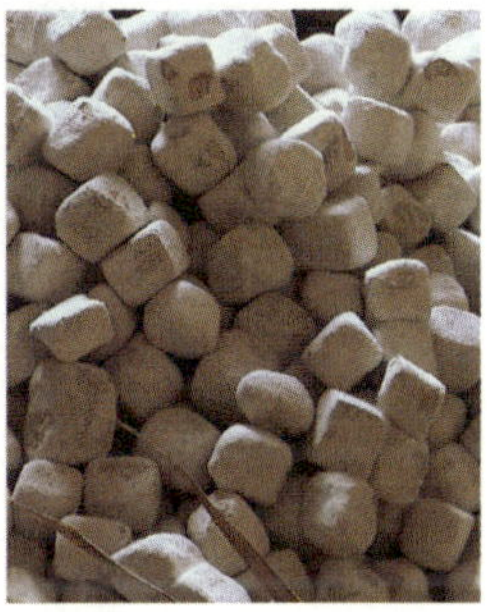

后的辛未、乙未、庚子等晴好的良辰吉日制作白曲。先按照每10斤稻谷粉配1斤曲药、4—10斤高岭土粉（不同地方、不同用途、不同比例）、8—12斤水的比例，依次将粉料装入木斛或缸中；然后加入烧开后凉至60—70℃的温开水，用搅棒反复搅透搅匀，搅成团状，捏之成型方可。以上工序完成后，取出放在木板上，压成2厘米厚的扁状；借助直尺用切刀将扁状物切成2厘米见方的块粒；放入筛盆，撒上陈年白曲粉作为酵母，滚筛均匀；用糠筛筛去余粉，滚成圆形；移到密封性能好的木屋，平铺在竹簟、笸箩或竹匾上，盖上稻草发酵，室内温度保持在30℃左右；三四天后长出白色绒毛即白色霉菌，发酵成功；四五天后，水分已蒸发到一定程度，移出，放在阳光下曝晒；五天后可足干，成品完成，收起装袋备用。

畲村白曲制作技艺是自给自足的自然经济和小农经济的产物，历来是畲乡人手工生产的产物，因而具有原始性。制曲要选择时机，讲究时令，进入三伏以后，高温炎热，有利酶的发酵，且气候干燥，有利蒸发水分，及时晒干保存，讲求科学性。由于它的配方独特，都是原生态的中药、畲药和青草药，取之天然，用之安全。

我国古代有“农家多制曲”的说法。白曲的制作者主要是家庭小作坊或普通农家，基本上是自制自用，兼有少量销售。广大畲民长年从事田间劳作，又苦又累，靠自酿的“白酒”来缓解疲劳，所以很多人对白曲的产制都有一手。

随着人们对白曲特性的认可度增强，市场上对畲族白曲的需求量逐渐增大，因而该技艺的传承意义重大、刻不容缓。老艺人日益老迈，传承之路步履维艰，面临后继乏人之困。因而加强畲村白曲制作技艺的研究，深挖传统配方奥秘，实行标准化生产，实是当前迫切而又紧要的任务。

畲乡糍粑

李毓贤

糍粑，又称餈（cí）、粿，是用大米制成的一种食品，流行于中国南方诸地，以其口感细腻柔韧，粘糯香甜，深得南方各族人民青睐。然在福建福安畲乡群众对糍粑之喜爱、制作之讲究、用途之广泛，又与他地大不相同。

史载畲族“最重大禾米，春秋祭祀，必为粿以奉其先。此外又有稷米（即粢米，过去制作糍粑的主要原料），又名畲米……”，糍粑是畲族的传统美食，流传至今数百年，与乌米饭、菅粽一起并称“畲家三宝”。但凡节日、喜事，当地畲民都要制作糍粑祭祀先人、神明，招待客人，馈赠亲友，以祈吉利，以表喜庆。

畲家糍粑主要有纯糯米糍粑、黄金糍粑和春菊糍粑三种，类型不同，因此制作工艺也有差异。

纯糯米糍粑

精选优质糯米，浸泡于清水之中，浸泡一天，而后把水滤尽，倒入蒸笼（木甑），猛火蒸至九分熟，取出，趁热倒入石臼中，进行舂打。舂打成饭泥，越细越好，至少不见饭粒。同时将事先准备好的精选芝麻、少量食盐放铁锅中，文火翻炒，炒熟炒脆，然后趁热置于石臼中，舂成粉末备用（也可加黄豆、花生粉末，方法同上）。待糍粑舂成时，将准备好的芝麻粉末均匀铺在笸箩（或竹匾）竹具器中，掏出糍团，放置粉末上，上面再撒一层芝麻粉末。紧接着趁热将糍团根据需要揉搓成或圆球、或圆柱、或饼状等各种不同形状。当即就可食用，也可晾干贮存，备作他用。加工成的芝麻粉（或芝麻、黄豆、花生混合粉）其味浓香馥郁，是糍粑的首选配料，而且有油性，可以防止糍粑粘在笸箩等器皿上，也可防止制成的小糍粑互相粘连，待冷却后就能随时、轻易分开。这种糍粑比较普遍，广布在福安畲族乡村，所制作的人群也很普遍。

黄金糍粑

将精选糯米和粳米各半或六四比例混合在一起，用自制成的天然黄碱水泡浸一天后，捞起滤干，放入木甑中用猛火蒸熟，倒入石臼器具中进行舂打。舂打整个过程与制作纯糯米糍粑方法基本相同。但由于粳米米质较硬，不能一次性把饭团舂成，一旦时间久了，石臼中的米饭团就相应变冷，舂击的效果便不明显，因此还要将饭团捏成小团，重新放到木甑里再进行蒸煮，之后再倒入石臼中舂击，如此经两三次反复蒸煮和舂击后，方可完成。舂击成的黄色糍团，用专门一种特制印花模具（俗称“糍印”）来印制，即直接用手从石臼中抓捏成一小团，压放到“糍印”内，就印成一块块“福”字或梅花图案的糍粑，然后取出，将有图案的一面朝上，摆放于筐箩（或竹匾）上冷却而成。黄金糍粑与纯糯米糍粑相比，其黏性不如纯糯米糍粑那么强，很容易用手将其分离开来。这种糍粑一般不当即食用，多用作祭祀供品或馈送亲友的礼品，需再次蒸煮后食用，因此在食用前一般不用芝麻粉等配料，待食用时因各人口味自行添加佐料。与纯糯米糍粑相比，善于制作者相对少些。

春菊糍粑

制作时采集“春菊”（学名鼠曲草，春季生长在旱地上的一种野菜），择取其幼嫩枝叶花蕾，洗净捣碎，与泡浸过的糯米一起混合均匀，放入木甑里蒸熟，然后倒入石臼中舂打。制法与制作纯糯米糍粑相同。因为“春菊”味甘性平，具有化痰止咳、祛风除湿、解毒等功效，所以畲民认为这种糍粑还有药用功效。“春菊糍”因颜色青绿，也称“青团”。

总之，不管制作哪种糍粑，“舂打”是最重要的环节（畲语称作“舂糍”）。舂糍讲究“快、准、稳、狠”。福安畲民舂糍，用的是“7”字形石锤舂打。“快”，说的是下锤收锤都要快，糯米黏性大，快则免得锤和米粘在一起；“准”，准头要足，每一锤都得打在同一个地方，这样糯米才能打得均匀，打得瓷实；“稳”，是握锤的手要紧，用力要均匀；“狠”，是手腕子、臂膀的力气要绷得足，舂击要有力，收锤要迅疾。舂糍既是技术活，也是体力活，必须由几个年轻力壮的汉子合作才能完成，仅凭一人之力是无法一口气将饭团舂成糍粑。舂打的过程不能有较长的停顿，停顿久了，饭团变冷发硬，舂打效果就不好；必须由几个人轮流、反复舂打，直到将饭团捣成泥状，不见米饭痕迹为止。一气呵成，打出的糍粑柔软、细腻、黏性强、口感好，而且还热乎乎的。

整个舂打过程中，还得有一个主要人物。他专门备好半桶干净清水，等候在石臼前，每当舂击米饭的石锤提起，脱离米饭一瞬间，就用双手从桶里掬取少许的冷水，洒入糯米饭表面，并用双手把四周凸起的米饭压回到中心处，为下一锤舂击做好准备；他还负责观察石锤的情况，随时清理粘在石锤上的糯米，用冷水湿润石锤表面，防止石锤被米饭粘住，无法继续舂击；还负责不时地翻转石臼中的饭团，使得舂打更加均匀。这一系列

的动作都必须在槌起槌落的瞬间完成，稍有迟缓，就会影响舂击的节奏，甚至产生危险。这个人在整个舂糍过程中的动作，畲语称“救糍”。“救糍”人是整个舂糍团队的协调者、指挥者、灵魂人物，只有眼睛好，双手灵活，头脑反应快，并且有丰富的舂糍经验、纯熟的舂糍技巧的人才能胜任，因此“救糍”人也是舂糍成败的关键。只有良好的舂糍团队、认真的协作精神，制作出的糍粑才会是上好美味的糍粑。

有畲族歌言为证：

你掏锤，我来筑，一臼糍仔几人突（舂）。

你讲舂糍我也会，舂来祭祖连做福。

糍粑不仅是美味食品，而且具有补中益气的功效，有益于胃虚寒所致的反胃、体虚神疲等症状。同时，“糍”与“时”字谐音，寓意“时（糍）来运转，生活年年（粘粘）甜美”，象征着丰收、喜庆和团圆。糍粑在畲族民众生活、习俗中寓意丰富，用途十分广泛。

糍粑是祭拜神灵和先人不可或缺的供品。按畲族的风俗习惯，每年腊月三十在宫庙里祭拜保护神，俗称“圆满福”或称“辞年福”，答谢神灵一年来保护农事活动顺利，农作物喜获丰收；正月初五祭拜神灵，俗称“开正福”或称“下神福”，意为新的一年开始之际，祈求能有个好兆头；正月初五至十八，这一时段的某一吉日，由“头哥”（宫庙的董事）组织村民到祖庙请回保护神，进行一番隆重的祭拜。祭品除“三牲福礼”外，全村每家每户还必不可少地装上一盘糍粑，并贴上红纸条送到宫庙里，摆放于祭桌上，祈求神灵保佑新的一年里风调雨顺、五谷丰登、平安大吉。民间这种以糍粑为供品的请神祭拜活动，称之为“做大年”。

每年正月初一，每家每户在祭拜自家先祖的时候，除“三牲福礼”外都必不可少地在厅堂供桌上摆放一盘糍粑，祈求新的一年里全家团团圆圆、平平安安。民间这种祭拜活动，称之为“做年”，这时的糍粑又称为“做年糍”。

每年尝新节，即秋冬季丰收时节，一旦新糯谷收获回来，都要做糍粑进行庆贺一番。不仅一家人围坐在桌前食用，还有叫来邻里乡亲一起吃，畅谈着丰收的喜悦，庆祝好收成。

糍粑又是贯串整个婚礼中的重要信物和礼品。一是在相亲时，待双方都满意，男方父母便及时制作糍粑让女方父母带回，这就意味着基本同意了这门亲事。这时糍粑似乎是一种传递信息的信号。二是订婚时，女方父母收下聘礼后，制作糍粑回赠给男方。男方把糍粑分赠给自家叔伯兄弟等人。这样，消息一经传开，表明双方子女婚姻大事已经正式确定下来，日后其他人也不再来求婚。此时所赠送的糍粑有特定的名称，曰“搭定糍”。三是“做表姐”，即女方在即将出嫁前一段时间里，都要到所有亲戚家中轮流做一次客，意味着将告别少女时代，向亲戚们辞行；亲戚们制作糍粑送给待嫁女。此时的糍粑称为“做客糍”，寄托了亲友的祝愿。四是请祖公，男女双方拜堂成亲前，在自家厅堂正中，摆上祭品和糍粑祭拜祖宗，请求祖宗保佑新郎、新娘恩恩爱爱，圆圆满满。这时糍粑表达的是列祖列宗对一对新人的祝福。五是结婚后，男女双方父母在操办好酒宴后的第二天，制作糍粑答谢所有亲戚，寓意新人像糍粑一样越粘越紧、白头偕老。六是“做女婿”，新婚后，新郎官陪新娘回门做客，岳父将制作好的糍粑作为回赠，装入女婿上门时盛礼品的礼盒内，名叫“搭盒”。这种糍粑称为“女婿糍”。七是新娘子头次回娘家，新娘子在夫家生活一段时间后，以适当的日期回到娘家住上几天。当再回到夫家时，其母亲或嫂嫂得亲自陪同护送。岳母或嫂嫂返回时，女婿必须做好糍粑赠送她们，意味着日后两家常来常往、吉祥如意。糍粑在操办整个婚礼中起着桥梁与纽带作用。

糍粑还是红白喜事的吉祥物。一是婴儿“做晬”，即婴儿满周岁生日时，父母制作糍粑赠送亲友，寓意婴儿日后健康成长。此时的糍粑称为“晬糍”。二是营建新屋，新屋上梁时，亲戚们用红布袋装着稻谷，给建房者新屋“压梁”；建房者回赠糍粑，作为“答红布袋”，意味着“谷来糍返”，财丁两旺。三是做墓，畲民家中长辈寿终正寝（称喜丧或白喜事），选择吉日良辰进行安葬仪礼时，亲戚们要办祭品祭拜，其中一盘必是糍粑；亲戚回去时，东家也要用糍粑“答盘”回赠，寓意子孙后代人丁兴旺、财源广进。

总的来说，糍粑是畲族人作为庆贺节日习俗、婚嫁祭拜、亲戚来往必不可少的礼品。

畲家菅粽

雷瑞华

菅粽，亦称菅叶粽，每年农历五月初五端午节，福安广大城乡都有包粽子、吃粽子的习俗。大多数人家用竹叶裹成锥状的粽子，但广大畲族乡村都制作和食用菅粽，即用菅叶裹成四角枕头形的粽子。畲家传说，阴历五月初五是始祖忠勇王的诞辰，所以这一天又是畲族的敬祖节；家家户户摆设香案，隆重祭祖，而菅粽是必不可少的供品。粽子扎成五节，象征忠

勇王生于五月初五，又寓意五月节得五福。有一首畲歌是这样唱的：

五月初五是端阳，原底祖公这日生。
九族推尊唯祭祖，菅叶裹粽祖公尝。

畲家人还常将这具有独特风味的节日食品，作为厚礼赠送汉族亲友。菅粽也有在分龙节、“三月三”和五月十三关圣帝君神诞之日制作、食用。

制作菅粽通常要经过选材备料、制碱，以及加工菅叶、裹粽、蒸煮等工序和环节。

首先要在节前往山中用柴刀采集制碱用的称作“猴芦子”或“黄碱柴”的灌木，割取菅叶以及捆扎菅粽的棕树叶。黄碱柴等挑回村里，放置在较为宽阔的场地，晾晒后烧成灰；然后将木灰装在垫有谷壳的甑桶里，用开水徐徐淋下，如此反复数次，过滤出的碱水就可作为浸泡糯米的碱水待用。

同时，把菅叶、棕叶丝放在开水中煮上一会儿，使之变软不易裂开。选取品质好，黏性较强的糯米以及需要添加到粽子里的其他食材，如花生、赤豆、豌豆、羊嘴须豆、瘦肉等。包粽前先将糯米或要添加的豆类洗净，视其数量倒入相应容量的容器中；然后将过滤去渣后的黄碱水倒入容器内，将糯米或糯米拌豆一起浸泡；约1小时后，食材都浸透成黄色时，即可开始包粽子。

取两片菅叶首尾相对叠在一起，在中间处折起成一个长“槽”；再取一片菅叶对折后，一段披在槽底；舀取经碱水泡过的糯米（包括要添加到粽里的其他食材）置于菅叶槽中，整成长约20厘米的圆柱体；然后把披底的另一段菅叶折起来盖在糯米上，再把两边的菅叶裹过来，包结实，分别用粽叶丝缚住扎紧，扎成5节。

粽子包扎好后，再将多余的菅叶头尾剪去，大功就告成了。

之后就可以进锅蒸煮了。先在锅底放些鲜的黄碱柴枝条，进锅后再在锅面上盖些黄碱柴枝条，以防汤水浸泡碱液释出；然后用慢火煮10余小时。烧煮期间每隔3小时左右换水一次。菅粽煮熟捞出后，表面有粘着泡沫或变黑的，用清水擦洗干净。

粽子的历史相当悠久。西晋周处《风土记》就有“仲夏端五……享用角黍”的句子，角黍就是粽子。畲家菅粽承载着畲族的文化记忆，是一种富有民族特色的食品。五节菅粽在畲族人民的心目中有多重意义，以现今的说法论，畲家菅粽也代表着畲民的乡愁。

在福安畲族乡村，菅粽制作技艺的存续状况还算较好，流传迄今从不间断。只是年轻一代熟练掌握该技艺的已为数不多，有的家庭端午节也不再祭祖了，纪念始祖忠勇王的意蕴日渐弱化。与此同时，菅粽制作逐渐商品化、市场化、专业化，平时在市面上也能买到畲家菅粽了。

卷五 节庆信俗

畲族“二月二”

雷瑞华

早在唐朝，人们就有在二月初二这天祭春龙的习俗；古人又把“二月二”叫作“上二日”，也称“春耕节”；这一天也是土地神的“生日”，各地还有在这一天祭拜土地神的习俗……在传统文化中，“二月二”是开春后最为热闹的日子，寄托了人们太多的期盼。

每年农历二月初二，对于福安市坂中畲族乡后门坪畲村的畲族乡亲来说，其场面更是热闹，他（她）们称这一天为“会亲节”。后门坪，亦称“后门亭”，古名“洞门宅”，畲语叫“鼓楼”。后门坪为闽东雷姓发源地之一，雷姓后裔迁播福安、霞浦、福鼎、柘荣、蕉城以及浙江龙游等地。后门坪雷氏宗祠始建于清咸丰十年（1860）。“二月二”这一天，凡是后门坪雷氏宗祠的支派，不管迁居何方何地，都会长途跋涉回到后门坪祖居地会亲，这是与他们心目中的“宣德炉”情结分不开的。

据族谱载，明宣德年间（1426—1435），罗源县梧桐岔雷氏兄弟三人，分别随带一个铜香炉（宣德炉）为记出走他乡。其中有一人历经流离

颠沛，定居后门坪。当时该地住着一对姓魏的汉族兄弟，哥名崇广，弟名福应，兄弟俩体力过人，且心地善良。两人帮助雷家开荒造田，定居了下来。后来魏氏兄弟上闾山学得治妖捉鬼法术，给山村带来安宁，年景越来越好。魏氏兄弟过世后，雷家人为纪念兄弟俩的恩德，建起魏公侯庙，尊称这一对魏氏兄弟为“魏公侯”。因魏崇广的诞辰是在农历二月初二，后门坪雷氏后人就选这一天举办盛大活动来祭祀，全村人定额定量捐献粮钱，集中到魏公侯庙制作糯米红糖馒斋。

馒斋的制作要经过清洗、浸泡、炊蒸、搅碾、成形等道工序，清洗、浸泡后的糯米用若干个大蒸笼蒸熟，然后倒入几个大木桶里，每桶由三个壮实汉子各握一根碗口粗的木棍交叉旋转搅拌碾压，如此连续搅碾半小时左右，待桶内的糯米相互黏结一起时加入熬制的红糖汁，再行搅拌均匀，

畲族“二月二”会亲节

搅匀后用纯手工揉成圆锥形秤锤样的馒斋，顶上粘个糯米粉制成的小圆颗粒，再点上小红点，寓意吉祥、如意、红彩头。

馒斋先用来敬奉魏公侯，连续供奉三天，这期间一律不可食用。魏公侯庙前点起以松香扎成的“火树”，把黑夜照得如同白昼；并放起神铳，舞起铃刀，吹响龙角，驱逐鸟兽，跳起畲族奶娘催罡巫舞，公演神戏三昼夜。祈福仪式由净坛发奏、扬幡挂榜、起洪楼、午供、奶娘催罡、召奶、头时、二时、请神、祝星、送神、扫坛、谢神等组合而成。供桌上摆放五样菜、五样水果、猪头、鸡、鱼、蛋等祭品供奉众神。众多畲民从霞浦等邻县回后门坪故里瞻仰香炉、敬祖会亲，人数往往超过后门坪本村的数倍；后门坪村的乡亲都能无偿予以接待，人人都以歌待客，户户都成彻夜不眠的歌场。久而久之，自然成俗，“二月二”这天成了闽东畲族盛大的歌节，经久不衰。

福安畲族“二月二”会亲节，以寻根谒祖为目的，回故乡瞻仰铜香炉会亲，延续数百年而不衰，一年一度连续举办，成为当地习俗，堪称奇迹。为了这一天的瞻祖会亲活动，各地畲民不分县别，不嫌路远，涌向后门坪小山村，在交通欠发达的年代，往返全靠步行，的确难能可贵。

在漫漫的历史长河中，畲汉民族互相交往，彼此交融，两个民族间你中有我，我中有你，谁也离不开谁。畲族“二月二”会亲节俗正是畲汉民族团结、携手共进的光辉典范。

畲族“三月三”

雷瑞华

农历三月初三，是中华民族传统节日。古时以阴历三月上旬巳日为“上巳”，魏晋以后改为三月初三，所以也称为“上巳节”。汉族把这一天称为踏春节，是古人出门踏青的日子，也是青年男女在野外相会、表达爱意的好时机。在我国南方的少数民族中，三月三是一个红火的日子，如畲族、瑶族、苗族、布依族、壮族、黎族等都把它当成隆重的节日。

福安畲族称“三月三”为“乌饭节”，也有称作“称歌节”的。关于“三月三”的来历有多种说法。一是说“三月三”为米谷生日，畲民要给米谷穿上衣服，祈祝丰年。也有说“三月三”天气转暖，虫蚁结束冬眠蛰伏，纷纷出洞，畲民吃了乌饭，上山下地不怕虫蚁。还有说古时候发生战事时，敌人常来抢米饭，畲民故意将米饭染黑，敌人怕中毒，就不敢问津了。第四种说法很有故事性。传说唐朝时畲军首领雷万兴不幸落入敌手，被敌军关进牢房，他母亲送来的饭常被狱卒抢去吃，雷万兴食量大却经常

挨饿，为此，他想出一计，让他母亲将米饭染黑，如此狱卒就不敢吃了。雷万兴越狱后，于三月初三这日战死沙场，族人每年以乌饭悼念他。

第五种说法流行最广。唐总章二年（669），畲族英雄雷万兴率领畲军抗击官兵，被围困在大山里，粮食断绝，以乌稔果充饥，从而度过春荒，并取得反围剿战斗的胜利。由于胜利后过起奢侈的生活，日日大鱼大肉，仍感乏味。时值翌年三月初三，他想吃乌稔果，命兵卒采撷，可季春三月，哪来乌稔果，兵卒只好采些乌稔叶子回去，伙房合计着将这些乌稔叶子和糯米一起蒸煮，蒸熟的糯米呈现乌稔果颜色，香软可口，味道特佳，令人食欲大增。于是，雷万兴下令大量制作乌饭，以纪念抗击唐军的胜利，从而衍成风俗，世代相传，延续至今。

各地畲村对“三月三”的由来说法不一，但都离不开缅怀先祖、祈福求安之意。

福安畲族“三月三”节俗主要内容有举办歌会、制作并享用乌饭。近些年，福安市把畲族“三月三”扩展为民俗节，增加了畲族巫舞、茶艺、武术和体育竞技等活动内容。

“三月三”歌会也称为盘歌节。歌谣、民歌是畲族最主要的文学形式和音乐形式。畲家以歌代言，以歌叙事，以歌抒情，以歌表意。畲族人

称歌谣、民歌为“歌言”，即包含以歌代言之意。歌言触及畲族社会生活的各个领域，包括平时劳作、日常社交、人生礼仪、宗教仪式、节日活动等。每逢“三月三”，畲民就从四面八方汇聚拢来，三五成群相互对歌，有的在半路上就拦住对方唱起《拦路情歌》；家里来了客人，就唱起《迎客歌》。青年男女的对歌更为精彩，演唱的曲目涉及更广，称作“比肚才”，唱的多为叙事歌、小说歌，如《祖宗歌》《盘王歌》《十八帝》《钟景祺与雷万春》《蓝佃玉》《奶娘传》《钟良弼》等，还有许多由汉族戏曲故事改编的如《梁山伯与祝英台》《平贵回朝》《白蛇传》《秦香莲》等。此外，还有畲族自编的杂歌，如《十二月歌》《十二生肖歌》《十贤歌》《花名歌》《鸟名歌》《山客不离共产党》《迎新年唱新歌》等歌曲。畲家善山歌，也擅民间乐器。“三月三”常见畲民四五人或七八人组成畲族鼓吹班，吹吹打打，为节日增添热闹气氛。器乐首推唢呐，还有胡琴、笛子、月琴和打击乐锣、鼓、钹等。福安畲族鼓吹班以坂中畲族乡洋坪畲村蓝氏鼓吹班最负盛名，曲目有《吹牌》等。

“三月三”歌会及其相关联的活动内容，都有其本身的基本特征。一是伴随民俗文化活动产生和发展而形成的民间习俗的依存性特征；二是既有本土乐曲，又有外来乐曲，长期并存，各自发展，因而形成了本土和外来乐曲的共存性特征；三是畲歌的调式不同其他乐曲那么繁复、华丽，而显出一种特有的简约和质朴感，从而构成调式的简朴特征；四是节日美食——乌饭的黑蓝发亮与畲族服饰青蓝底色基调相映衬，形成畲族民族性格节日氛围的深沉低调苍劲的特征。

改革开放以后，传统文化逐步复兴。1986年，福建省民委在福安市举办福建省首届畲族歌会，邀请浙江、江西、广东、安徽等省畲族歌手和本省各县畲族代表队共531人到会盘歌，自此开创畲族歌会先例。

2004年7月，宁德市人大常委会出台关于保护与发展畲族文化的决定，将每年的农历三月初三定为“三月三”畲族文化节，举办盘歌、文艺表演、体育竞赛、学术研讨和民俗等活动。提出包括编辑一套畲族文化丛书在内的抢救和发展畲族文化“八个一”工程的任务，将畲族歌言、民俗等单独列卷成册。嗣后，福建省人大常委会亦做出决定，设立福建省“三月三”畲族文化节。2005年10月，福安市申报“畲族三月三节俗”为省级节俗类非物质文化遗产成功，福安市畲歌协会作为“三月三”节俗非遗项目的保护单位。福安还先后出版《传世畲歌》《福安畲族传统歌言集》，使大量畲族传统民歌得以留存。2012年3月24日，福建省首届“三月三”畲族文化节在福安市举办；2016年4月9日，“2016海峡两岸各民族欢度‘三月三’节暨福建省第五届‘三月三’畲族文化节”又在福安市举办，使得福安的畲族“三月三”知名度直线上升。

福安闾山道信俗

李毓贤

闾山道，是中国道教广泛流传于闽、浙、赣三省民间的主要道教支派。它以闽越故地的原始巫术为基础，吸收道教正一符箓派的符咒科仪，再加佛教世俗化的瑜伽密教，三者合一而逐渐形成的道教派系。该派尊

“闾山九郎”为法主，供临水三夫人（陈靖姑、林九娘、李三娘）、张觅娘等神祇，以福建为中心并向外发展。闾山，是闾山教的本山，是闾山教门的传法圣地，但具体在哪个方位，众说不一。按照民间说法，闾山沉于水底，是神秘的仙界法坛，凡人看不见。

据创作于清朝乾、嘉年间的《闽都别记》载，闾山本为一座山峦，位于福州台江南台的龙潭壑、番船浦一带，那里有白龙江环绕，与天宁寺对峙。后被闾山教门徒的杵臼无意间沉入江底。从此，闾山陷落江底，而白龙江河床却上升成陆地。从此，福州民间便流传着“沉闾山，浮南台”之俗语。所以，在闾山教道坛科仪本里，每说到闾山时，多与江、海、池联

在一起，如“闾山水府”“水国洞中”等。水中的闾山增加了求法者的难度，况且，横在闾山门前还有一道险阻——沉毛江，只有渡过了沉毛江的人，才有机会敲开闾山之门。该书系福州人所写的福州地方文学作品，全景式地描述福州地区的社会生活，同时记录大量的神话传说、风尚掌故、生活习俗、俚语俗谚、方言歌谣、民间信仰和名胜古迹等。

也有人根据道坛中关于“江州府闾山法院”的说法，认为传说中的闾山应在江西，并与江州府相关联。而江州府治历史上原在豫章（今南昌），后移浔阳（今九江）。在豫章与浔阳之间的名山就是庐山，庐山与闾山谐音，人们心目中向往的真正的闾山应该就是庐山。而庐山下的“沉毛江”当指九江，也就是古浔阳江州府的长江水域。闾山即为庐山，明代万历年本《福安县志》便持此说。

总之，闾山是一个烟涛微茫、虚无缥缈的神仙世界。

但闾山道却是一个确确实实存在的古老道教派别，它在福安流传的历史最悠久、信众最广泛、生命力最强。宋时福安有詹、张、陈三道士，传承闾山法术，名动一时，并称“三仙师”。明万历《福安县志》：“三仙师：宋时詹、张、陈传法闾山归。詹寓西善寺，其名不传；张寓仙圣寺，为开山祖师，号元成和尚；陈名孺，寓龟龄寺，后徙上杭。”后人考证，詹仙师即詹六公，福安十都南源（即晓阳镇）人。三仙师分属詹、张、陈三大族姓，为三姓族人所敬仰膜拜的偶像，他们大约是北宋乾兴至元符年间（1022—1100）人（又一说法，他们是南宋后期人）。正如《福安县志》所云：“邑中诸巫至今多传其术。”（明万历本《福安县志》卷之九《杂纪志·仙释》）

闾山道，一般看作正一道的一个派别。同是道教，正一道与后来传入福安的全真道不同。全真道，不尚符箓，主张性、命双修，要求道士出家宫观修行，素食、道装、独身；正一道道徒不出家，常在家设坛，只有在做法事的时候穿上道袍，从事一些驱魔赶鬼之类的宗教服务，平时与常人相同。

福安民间闾山信俗科仪，主要分文科、武科。

文科为乌头道士，称为道师，一般是蒙山（或称茆山、茅山）派系。法事科仪有开坛、九夷、请神、降具、奏表等，最常见是为亡者超度的道场，俗称“做会暝”。

会暝全场科仪如下：

一、净坛去秽；二、腾奏；三、首科仪；四、二科仪；五、请圣科仪；六、摄召科仪；七、施夫科仪；八、燃灯科仪；九、过十殿科仪；十、结牒科仪；十一、净水科仪；十二、辞灵科仪；十三、谢神科仪；十四、送圣科仪。

做道场旨在请来诸神，调出亡魂，做法事超度亡灵，为死者解除地狱之苦。一般从下午六七点开始，到次日清晨结束，其中仅半夜稍事休息，法事几乎做一个通宵。凌晨时辞灵，将亡灵送走，劝别亡故的魂灵，让其心甘情愿地离去。“劝辞”内容列举诸多历史与传说中的人物，或英雄盖世，或富可敌国，或聪明超凡，或貌若天仙，或寿逾千年，“无常到日也归空”“贫也空来富也空……富贵百年难保守，贫富到头一样空”，人生就如做客，“做客日久也回归”。全辞皆是动员，规劝，这也许就是为何称“文科”吧。

武科为闾山派，是红头道士，称为师公、尪师（巫师）。主要从事斋醮祈雨、设坛驱鬼等，称“打尪”，也为“殇死鬼”（非正常死亡）“拔殇”（超度）。武科法事则兼具神秘性、趣味性、与信徒的互动性，有上刀山、下火海、起洪楼、奶娘踩罡等等。看名称就知走的是刚强一路，故称“武科”。其中最具代表性的当属“奶娘踩罡”。（“奶娘踩罡”具体科仪程式，另文介绍。）

道师（包括“尪师”）根据年龄与道行，在不同阶段与仪式中有不同称谓。道师设在家庭中的道坛，称“家坛”，系道师居家供奉法坛神灵之处，坛上设神龛，以红纸书写本境与本坛所祭祀的主要神祇。每个家坛都有固定的坛号。家坛是道师为村民举行小型法事的坛场，信众到家坛，主要是求讳惊茶、卜问吉凶、联络道务等。道师大量的法事在法坛举行，法坛根据法事内容与形式的不同而设立在村落宫庙或村民家中。

畲族巫师，是畲族巫术文化的演绎者、操作者和发言人。他们自称闾山夫人教“巫流科事臣”“道场弟子”“闾山正教行上元巫流生官”等。据传太始祖雷法振自康熙五十一年（1712）遇闾山传授巫流技艺，代代相传，至今已十八代。每一个巫师都隶属于各自的道坛，各道坛有不同的坛号。畲族闾山夫人教以闾山道法为主，茆山（茅山）法术为辅。正如畲巫《闾山传流罗天清醮首时科仪》唱本所云：“臣请闾茆众师公，头戴花冠身着红。行符咒水游天下，杜灾降福纳凡民。”

闾山道坛法服独特，法器众多。其法服最突出的特征是头系法巾，扎神额，身穿青色短褂，下身着长裙，跣足，或扎草鞋、布鞋，是一种女巫装束。除普通法器外，龙角、铃刀、金鞭、麻蛇鞭、飞箭等极具独特性。

福安闾山信俗文化历史悠久。据县志载，宋代詹、张、陈三道士，传承闾山法术，名动一时；南宋时期闾山异人于韩阳铜冠山麓修建真庆观，其时闾山道信仰在福安已有一定影响；元、明时期闾山道更是迅速发展，福建成为闾山教派的中心，向浙、赣、台湾辐射。

清人进关后，将佛教中的喇嘛教定为国教，道教受到冷遇。乾隆四年（1739）清廷更进一步诏令禁止道教传度，从此道教一落千丈，基本停止发展。清末，道教更是衰微不堪。

民国17年（1928），国民党政府颁布《神祠存废标准》，规定废除祭祀日、月、五岳、四渎、龙王、城隍、文昌、送子娘娘、财神、瘟神、赵玄坛、土地、狐仙等神。画符念咒的道教也属该废除之列，对本来脉象衰微的道教更是一个很大的打击。

1960年后，政府破除迷信，禁止一切道教活动，包括有道士参与的民间民俗活动。

由于宋朝“三仙师” 信仰及清代“畲巫”信仰对福安本土信众根深蒂固的影响，福安民间信仰道术的观念并没有消亡，延请道士消灾禳祸、驱鬼赶邪、祈祷斋醮、斩妖降魔的活动依然悄悄地进行，并且作为传统文化的一个内容和民间习俗，代代延续下来。

1978年后，落实宗教政策，道教恢复宗教活动，闾山道文化又在民众日常生活中活跃起来。红头道士作为民俗和民间信仰活动的主角，在每年的神诞节日以及请神、迎神、设坛、做醮等活动中频繁出现。

田公元帅信俗

李毓贤

闽东习俗，以每年农历八月二十三田公元帅诞辰为“元帅节”。这一天，信众会宰杀一只公鸡，连同其他福礼供奉在田公元帅坛前，并设宴会亲敬神，驱邪避凶，祈求平安。

田公元帅的原型为雷海青，南戏戏神，唐朝莆田人（也有说南安人，畲家神堂上称其籍贯为“杭州风火院铁板桥头”，究竟何处无考）。但历史上确有其人，系唐明皇宫廷乐师。据《资治通鉴》记载，安禄山占领长安后，“禄山宴其群臣于凝碧池，盛奏众乐，梨园弟子往往唏嘘泣下，贼皆露刃睨之。乐工雷海青不胜悲愤，掷乐器于地，西向恸哭。禄山怒，缚于试马石殿前，支解之。”（《资治通鉴》卷二百一十八《唐纪》三十四）“安史之乱”平定后，玄宗返抵长安，感其忠烈，追封为“天下梨园都总管”，并命“天下梨园祀之”。相传雷海青骨殖后为福建乡亲收拾，运回福建南安十九都坑口地方安葬。

雷海青如何成为田公元帅，众说纷纭。通常说法是，郭子仪收复长安时，雷海青的神灵亦来助战，因战场上烟尘滚滚，遮住“雷”字帅旗的上部，仅露下部“田”字，被误认为主将姓田。郭子仪后禀报雷海青事迹，唐肃宗即位后加封雷海青为“田都元帅”，民间一般称之为“田公元帅”。

还有一种说法，在闽南比较流行。雷海青少时随雷家班学艺，从小受严格调教，善音律，精通“四管”乐器，尤擅箫笛、琵琶演奏。唐朝开元

二年（714），唐玄宗置教坊，从各地精选乐工，雷海青入选梨园为乐师。他演奏乐曲、编排舞蹈，深受唐玄宗看重，被任命为梨园教官。唐代，莆仙戏曲的雏形已初步形成，雷海青对莆仙戏的形成和莆田“百戏”（木偶戏、杂戏等）的发展，起到很大的推动作用。莆田“百戏”乐工们在得知雷海青牺牲之后，出于对雷海青梨园乐技艺的景仰和对其忠烈精神的崇敬，奉雷海青为祖师爷，虔诚膜拜。之后闽剧、梨园戏、高甲戏等剧种纷纷效仿，雷海青的地位也在不断地上升，随着曲艺的发展，戏种增多，雷海青不但是福建曲艺界的戏神，还是东南诸省南戏的戏神。曲艺界有北尊西秦王爷、南奉田公元帅之说。一年，一个莆仙戏班出海演出遭遇风暴，危急时刻他们请求戏神雷海青庇佑，雷海青显灵救了戏班。由于在天空中，帅旗上的“雷”字被云彩遮住，只露出“田”字部分，戏班众人认为自己的这位保护神雷海青，在天庭还有一重身份，姓田，于是雷海青是天庭“田公元帅”的传言就传开了。其后，田公元帅时时显圣，屡屡救驾庇民，宋端宗顺应民情，褒封他为“田公元帅”。

随着历史的演进，田公元帅的膜拜也不再局限于戏剧界。民间盛传田公元帅能消灾解厄、扶正袪邪，赋予了他多功能保护神的身份，田公元帅信仰也就成了一个复杂的民间信仰系统。田公元帅信仰内涵和外延不断丰富、扩展，从福建向周边省地辐射，广泛流传于福建、广东、江西、安徽、浙江、台湾等地。

田公元帅信仰，从单纯的“戏神”升格到兼具武术神、道坛神和村落境社保护神等综合属性神格的民间俗神。宋元时期随着道教在南方诸地的兴起，尤其闾山道派的兴起，田公元帅信仰又被糅入道教的成分。在闽东的道教闾山派支脉梨园教中被奉为教主，广泛参加到道教科仪祭典之中；被民间信众奉为地方保护神，建庙崇祀，与道教闾山教派和谐统一。

在闽东，曲艺从艺者奉田公为戏神，至今仍然保存一整套祭祀的习俗；习武的百姓又将其奉为武神，在家设坛或贴符供奉；普通信众则将田公元帅视为保护神。闽东地区供奉田公元帅的大小庙宇众多，各地庙宇或主祀或配祀，供奉有田公元帅偶像或神位。

畲族对田公元帅的崇祀相当普遍，奉其为本境赐福保平安的神明，并将其名号列在自家神堂上，适时祭祀。因为田公元帅姓雷，雷姓畲族认定田公元帅为本族人，宗谱多有关于雷海青的记载。相传雷海青崇凤，民间以雉鸡象征凤凰，故畲村宫庙所供奉的田公元帅均头插雉尾；没有塑绘的则在田公元帅神榜香炉上插雉毛，以表象征。田公元帅在畲族除担任保护神的主要职责外，还兼猎神。但凡“元帅节”，杀公鸡祭祀的习俗，在畲族尤受重视。

闽东疍民对田公元帅的崇祀也很虔诚，据说与田公元帅大名雷海青

（清）有关。疍民依海为生，他们更希望海上终日风平浪静，更希望得到这位“海清”元帅的福佑。

闽东最具代表性的田公元帅信俗祭祀活动，当属福安赛岐元帅宫每年的田公元帅诞辰祭典。这一天，赛岐元帅宫都举行道教闾山派科仪，包括开坛、发奏、结界、请神、扬幡、挂榜、请水、洪楼、安座、醮场、告玉、召奶、祝星、谢神、田公元帅九宫八卦阵等。活动当日，福安、蕉城、周宁、寿宁、柘荣、霞浦、福鼎等县市（区）信众万余人前来观光祈福，规模宏大，场面壮观。近几年，更有港、澳、台、粤以及南安坑口宫嘉宾参与。

“啰哩嗹”信俗舞蹈

李毓贤

“啰哩嗹”是闽东信俗降请田公元帅科仪咒语的衬语，习惯上用作降请田公元帅科仪的简称。

田公元帅原是南戏的戏神，以唐代宫廷乐工雷海青为原型，在我国东部沿海的闽、浙、台、粤等地区被广泛崇信。宋代以后，田公元帅信仰不断受到其他文化元素的渗透和介入，成为一种十分复杂的民间神形象。宋元时期，道教闾山派在闽东兴起，在它的影响下，田公元帅信仰发展出一套用来“降神附体”符箓和咒语，甚至形成了富有特色的、以傀儡行法事的“闾山梨园教”。元末明初又受道教“田太尉”经义、祭祀科仪，以及“去雨存田”传说的影响，将雷海青信仰与田公元帅信仰重叠于一体；武将雷万春信仰的渗入，致使田公元帅出现“文武双身”的两种神格形象。清代以后，翼宿星君、喜神、老郎神、二郎神等戏神元素的渗透，也赋予南戏戏神田公元帅更丰富的文化内涵。

由于田公元帅具有多元信仰文化累层叠加的多重神格功能，于是在田公元帅的降请、祭祀、施法等科仪中也呈现出多种文化现象，融合了南戏（尤其莆仙戏）、畲族巫舞、武术、民间舞蹈等多重元素。

田公元帅的降请科仪，原初只是单纯的诵念咒语，每唱两句就夹一句“啰啰啰哩嗹，哩哩哩啰嗹”的衬语。随着时间的流逝，“啰哩嗹”的呈现形式得到丰富，融入“九宫八卦舞”“十拳舞”“双罗帕舞”等舞蹈动作。巫师们边唱边舞，其咒语带有“啰哩嗹”的和声，唱腔悠扬，增添了降神场面的神秘气氛，其仪式也呈现出浓厚的戏剧性色彩。

汉族民间关于田公元帅的观念受畲族影响颇深。举行“降神”法事

时，畲汉巫师和神汉均先念《请田公元帅咒》[①]：

就灵就灵！拜请浙江杭州府铁板桥头人。

……

天上玉皇三太子，亲降凡间救万民。

……

炉前弟子手捉明香当门请，直请田公元帅降来临。

落在凡阳教弟子，落在凡阳救凡人。

速速降，速速临，速速下降扶填身。

……

待元帅附体（填身）后，吟唱《田公元帅显圣诗唱》：

锣鼓喧喧透九霄，九霄云外铁板桥，

铁板桥头请师父，来到凡间搁一宵。

……

玉皇赐我三杯酒，威风凛凛出天门，

只因天下多妖怪，降下凡间收妖魔，

玉皇赐我三太子，游行天下救万民。

……

头戴飘飘孔雀尾，身穿五色金龙袍，

左手金牌来照宝，右手五印广招财，

左手八卦行天下，右手罗帕收妖魔。

……

闽东传统“啰哩嗹”舞蹈的表演，需要舞蹈演员三到十三人不等。每人身着闾山道派特色的红色法衣、法裙，头包红色八卦巾，佩戴红色发额，一手执闾山道法器龙角，一手举九州令旗。除了舞蹈演员外，另需伴

① 诗唱出自肖孝正《闽东畲族歌谣集成》，海峡文艺出版社，1995年版，第182—184页。

奏四人，分别敲法鼓、打钹、打铛子、敲锣。

“啰哩嗹”舞蹈开始由一人主坛，一手执九州统令旗，另一手随着舞蹈节拍摇动法铃。“啰哩嗹”的全套舞蹈动作主要包含“九宫八卦阵”“十拳舞”“双罗帕舞”等。

“九宫八卦阵”，是以八卦为纲纪，以卦爻的方向作为舞蹈动作的向标，五行定位，同“啰哩嗹”咒语相结合。据传该舞步源于夏朝，是夏禹用来规范祭祀时所跳的舞蹈，史书上称之为“禹步”。应该是畲族原始巫舞。

“十拳舞”，是截取畲拳中数十个拳法招式组成，包含龙拳、虎拳、鹤拳、回延槌、蝴蝶手、四步讦六斗、双峰式双棍、三十六步枪、七步连身转、八转八阵图、九龙吐珠法等等。

“双罗帕舞”，则是一手执罗帕，一手执令旗，边舞边跳。

主坛者居中，其他舞者环绕主坛者循环舞动；主坛者吟唱咒语，众舞者同声和唱，每两句和一句“啰啰啰哩嗹，哩哩哩嗹”。“啰哩嗹”舞蹈巧妙地将畲拳的动作运用到舞蹈表演上，体现民俗舞蹈的活态传承。

由于“啰哩嗹”舞蹈是依附于田公元帅信俗产生的民俗舞蹈，所以在闽、港、澳、台、东南亚等地区，武术界、戏曲界以及广大畲乡，“田公元帅信俗圈”内均有传统“啰哩嗹”舞蹈的沿袭。据不完全统计，福建民间主祀田公元帅的庙宇有八百多座，台湾有两百多座，港澳及东南亚等福建侨民多的地方亦有大量分布。田公元帅信俗盛行之地，多有“啰哩嗹”舞蹈的传承。

“啰哩嗹”咒语的传播，以及“啰哩嗹”舞蹈，与田公元帅信俗有密切的联系。素有“南戏活化石”之称的莆仙戏和泉州梨园戏均以田公元帅为戏神，在开演前需要演唱“啰哩嗹”：

［咒曲］

啰哩嗹

［下词］

扳请老师出来，指引诸子登戏台。

生旦靓妆末老贴丑，赐众人齐叫发彩。

如此诙谐模样，齐歌舞各展娇才。

唱嘹亮音调，来看官笑和谐。

这开场称“田公蹈棚”或“田公踏棚”，为传统排场戏，开台请先师登台驱邪赶煞，保证演出顺利进行，同时也是延请田公元帅赴棚观戏。此处的“啰哩嗹”既有净台的功能，也有请神的功能。闽东传统“啰哩嗹”舞蹈中的音乐部分称为“田公元帅七十二啰哩嗹”，也叫“田公元帅咒”，常用于延请田公元帅降神的仪式中，或用于祛邪治病，具有祈福禳灾的功能。

但闽东“啰哩嗹”舞蹈有着区别于他地“啰哩嗹”的本质特征。主要是它的集体性和民族性，一场闽东“啰哩嗹”舞蹈，必须由众多舞者（神汉、巫师）来完成的，由一人主舞（主坛），多人配合伴舞、唱和，还有乐器伴奏。它是闽东区域性文化的特殊产物，其产生离不开当地居民的群体活动。该舞蹈脱胎于田公元帅信俗活动，在不断传承的过程，经过集体的加工、改造、逐渐完善，最终形成一出具有集体娱乐性的舞蹈。它的形成地是闽东畲汉两族杂居地，因此它不可避免地裹挟有畲汉两族的文化基因，具有畲汉两族的民族特色和民族风格。

“啰哩嗹”咒曲来源说法不一，主要有以下几种：

来源于梵语四流音“鲁，流，卢，楼”。在汉译佛典的流播过程中，流音又随着悉昙文字（又称梵字）被密宗神秘化而作为咒语，并广泛地以和声形式出现。四流音有几十种译法，“啰哩嗹”变为戏神咒经由两个关键环节，即巫道对僧侣咒语的借用、傀儡戏对巫道咒语的移植。后世“啰哩嗹”使用的情况渐趋复杂，但均由禳灾祈福的意义与和声的形式两方面衍生出来。

来源于全真词。全真词中存在和声“哩啰”，表现为句中无意义的衬字，有意义的隐语以及句末的和声。根据其声律表现可看出全真教众在使用时注意到声音效果。其来源是莲花落“啰哩嗹”和声。

来源于南音。南音中有大量带“啰哩嗹”词的曲子，主要集中在如下几个门头或曲牌中：“水车歌”“水车歌叠”“翁姨歌”“翁姨叠”“牛脚屈”“声声闹”“声声闹叠”“序滚叠”“浆水令叠”“锦衣香叠”“滴滴金”“滴滴金叠”“堀滚叠”“北地锦叠”等。这些曲子为南音在“啰哩嗹”研究中争得了一席之地，南音中的“啰哩嗹”曲属于一种隐性存在。

徐江火树敬祖节

李毓贤

每年正月初五凌晨，福安市湾坞镇徐江村村前广场，锣鼓喧天，鞭炮齐鸣，两柱巨大的火炬将全村照个通明，映红了村前的江面。全村男女老少以及外出经商、务工归来的游子，携儿带女回娘家的外嫁女，周边临近村庄的亲朋好友都会聚集广场，观赏冲天的焰火，互诉离情，共祝来年平安顺达。这就是著名徐江“火树敬祖节”。

一年一度的徐江“火树节”由来已久。相传清嘉庆年间（1796—1820），一闽南商贩到湾坞一带贩卖猪崽，途经徐江村，忽逢雷雨大作，电闪雷鸣，狂风呼啸，猪崽受惊，四处逃窜。雨歇后，商贩到处寻找，渐渐天黑，可是一只都没寻着，商贩心中焦灼，坐在村口大樟树下不禁失声恸哭。这时，村中一老者循声而至，问明情由后，告诉商贩：本村村口灵祠宫祀奉的陈公威惠侯王颇为灵验，你不妨到祠前虔诚跪拜，祈求神明帮助。商贩依老人所言，进香祈祷。果然，猪崽从四面八方蜂拥而至，商贩见此情景欣喜若狂，连忙道谢而去。

这位商贩返回闽南后，对徐江村的神明念念不忘。半年后的一个夜

晚，徐江灵祠宫陈公威惠侯王神像前的香炉忽然失踪。村民们多方寻找无果，只能天天祈求神明指点迷津。次月宗祠族长梦见灵祠宫陈公告诉他说：我座前的香炉被闽南客商请到他们的家乡，我很想回来，但他们把香炉隐藏起来了，我无法回来。你们如果也真想我回来，可借每年正月初五诸神下降之日，在灵祠宫前点上两把大蜡烛，只要烛光能照亮村前的江面，我就会回来了。第二天族长把梦里所见告诉乡亲们。为了隆重迎接威惠侯王陈公归来，众乡亲便依照陈公之言，在农历正月初五凌晨于灵祠宫前点燃两棵高大火把，称之“火树”，替代蜡烛，让通红的火光照亮村前的江面，迎接威惠侯回宫。

威惠侯王陈公，即福安上杭陈氏肇基祖陈孺。陈孺史上确有其人，传说他性格豪放，生性聪明，曾于闾山学法，学成归来，常以符箓法术，降妖伏魔，御灾捍患，普济众生，是福安有文字记载的最早的道士之一，与詹六公、张元成齐名，人称“三仙师”。明万历《福安县志》第九卷《杂纪志·仙释》载：“宋时詹、张、陈传法庐山归。詹寓西善寺，其名不传；张寓仙圣寺，为开山祖师，号元成和尚；陈名孺，寓龟龄寺，后徙上杭。时邑有虎患，县令林子勋梦神人陈孺驱虎出境；明旦，虎果死凤冈山下井边，因名其井曰‘虎井’。事奏闻，敕封威惠侯。邑中诸巫至今多传其术。”

徐江村民主要姓陈，是个血缘聚落，认陈孺为本家先辈，崇祀威惠侯陈孺为本境土主。既敬神又敬祖，威惠侯也就顺理成章成了徐江双重身份的保护神。

过去山区乡村以“火树”迎神、祭祖、欢庆节日的习俗应该比较普遍，并非徐江独有。如现今坂中乡后门坪畲族村“二月二会亲节”，还是以“火树”作为庆典的“主角”。农历二月二是后门坪当境土主魏公的生日，也是雷姓畲民的会亲节，这一天本村畲民制作糯米红糖“馒斋”供在“魏公庙”前公祭，并燃起两支用“松明”扎成的“火树”，把黑夜照得犹如白昼，远近前来会亲或参加节庆的亲朋好友，围在“火树”下，男女盘歌，欢声笑语，通宵达旦。徐江“火树”规模比后门坪更大，场面也更为热闹。

每年正月初三，徐江村民就开始着手准备“火树”工作，一般由两三位经验丰富的村民上山砍伐笔直、称手的竹竿百余根，做撑杆；再砍粗壮、柔韧的老竹若干条，破成篾条做绑绳。初四下午召集村里年富力强，有经验的成年汉子，将原先准备好的尚未干透柴片捆绑成两根高6米、直径1米、重约3千斤的木柱子备用。捆绑木柱是个技术活，除了力气外，还要相互配合，层层翻转捆绑，拼插，敲打结实，捆牢，绝不允许断绳，散架等。一切准备就绪后，等待初五凌晨吉时，由村中族长或有威望的长者点燃木柱，再由村中百多个青壮年，拿上撑杆齐心合力撑起点燃的两根熊熊燃烧的火把，这就是“火树”。“火树”伫立落座，鞭炮齐鸣，火焰冲天，村民汇聚，迎接陈公威惠侯王回祠。同时村中族长率领全村陈姓子孙祭拜祖宗，祭拜陈公，直至“火树”燃尽，家家户户将燃烧后的“火树”灰烬取回家中，储存自家灶里，以图吉利，祈求神明福佑。

自嘉庆至今两百余年，年年如此，代代相传，正月初五“火树”迎神、敬祖，已成为徐江的一个节日、一种习俗。远在他乡的游子，出嫁他地的女儿，哪怕春节未能回家过年，这一天也会赶回参加“火树节”活动。“显灵”也好，“托梦”也罢，这已经不那么重要了，重要的是那“火树”寄托了他们的一缕乡愁。大家欢聚在“火树”下，共祝平安。一声“平安”，一句“祝福”，邻里邻居一年来的磕磕绊绊，乡里乡亲一年来的纠结埋怨，都在这一声祝福中烟消云散。还有那游子们带回的外地信息，来年是否组团前往发展？乡贤们共建美好家园的创想，是否又给徐江村带来新的希望？

……

莫非这就是徐江村神明赐予徐江子民的最好福佑！

卷六

非遗保护传承案例

福安平讲戏的保护与传承

陈国华

地方戏曲是我国传统文化的重要组成部分，具有悠久的历史传统和独特的艺术魅力，是表现和传承传统文化的重要载体，是一种具有浓郁地域特色、深受人民群众欢迎的演剧形式。明朝中叶，福安就有民间戏班活跃在宗庙祠堂和田间地头，由于采用福安本地话唱演戏文，被人们称为“平讲戏”。清末到民国前期，平讲戏盛极一时；后来由于战乱和其他剧种的冲击，平讲戏日渐衰微。中华人民共和国成立后，平讲戏重获新生；20世纪60年代后，受到政治运动的冲击，平讲戏跌入谷底。改革开放后，平讲戏得以恢复和发展。进入20世纪90年代以后，传统文化面临现代多元文化的强大冲击和文化市场的激烈竞争，平讲戏也未能幸免，处于濒危状态。

一、福安平讲戏面临严峻挑战

（一）现代多元文化的强大冲击

随着人们生活节奏的不断加快，现代新兴媒体的大量普及，文艺不再仅仅局限于传统的舞台表现形式，传统戏曲已经不是人们娱乐生活的主要活动之一。越来越少的人愿意走进剧院看戏剧。城镇化的快速推进，打破

城乡原有的文化娱乐方式，传统戏剧不再是人们娱乐生活的首选。受众群体的减少和演出内容的流变挤压了平讲戏的发展空间；而多元文化的兴起和网络化的普及，使年轻一代对平讲戏兴趣不高，这些都使平讲戏面临着市场滑坡、发展无力、趋于失传等困境，加剧了平讲戏的生存危机。

（二）青年平讲戏人才严重断档

从年龄结构看，平讲戏人才断层现象严重。平讲戏老一代艺人年事已高，相继退出演艺舞台。中年传承人年纪渐增，体力不支，难以全心效力；部分人员为延续当地习俗，只在每年的传统节日期间参加演出，其余时间为了生计，主要从事其他行业，有的甚至干脆转行。而年轻一代倾向于选择经济效益较高的职业。目前平讲戏演员主力为中老年人，年龄最小的58岁，最老的已达80岁，可以说是人才严重匮乏、传承人青黄不接，面临人走艺绝、后继无人的严重危机，形势令人担忧。

（三）保护、传承工作资金不足

保护和传承传统戏曲，物质基础保障必不可少，需要资金的有力支持。对福安平讲戏来说，要用钱的地方真不少，包括购置乐器、音响、服装等设施设备，演员的学习和生活开销，资料、剧本的抢救、保护和复制，以及戏台修缮、剧目的创作和排练等，都需要不少的资金投入。2016

年，国家虽已出台《关于支持戏曲传承发展的若干政策》《地方戏曲剧种保护与扶持计划实施方案》等保护政策和实施方案，但还需要地方政府部门的具体落实。近年来，福安市在平讲戏的投入上虽然较以往有所增加，但由于地方财政上的原因，无法满足较高水平的传承与保护需求，致使难以达到理想的效果，平讲戏的传承与发展尚有很长的路要走。

二、福安平讲戏的抢救和保护

（一）老艺人的执着坚守

1977年，党中央重申“百花齐放、推陈出新”的文艺方针，平讲戏重获生机。但进入20世纪80年代后，福安平讲戏基本上停止演出活动。散班后的平讲戏艺人纷纷转行，平讲戏的传承之路命运多舛。

尽管如此，仍有一群平讲戏艺人怀着满腔热血奔走在复苏平讲戏的荆棘载途上。1994年，福安市成立“实验剧团”，重起闽剧和平讲戏的演出，让福安乡亲终于又可以看到平讲戏，这是传承与保护平讲戏的重要一步，后来剧团转为演平讲戏。

现年77岁的福安市平讲戏艺术传承中心老艺人陈爱容说，她16岁起就在穆阳民间业余剧团演戏，后被选入福安县平讲剧团，演了一辈子戏，也见证了平讲戏的起落浮沉。为了传承和发扬平讲戏，她主动承担起演出台柱和培训青年演员的重任，不管严寒酷暑，不辞辛劳，每场排练和演出，都精心准备，累计培训艺人16个，补充、壮大了演员队伍。正因为有陈爱容等一批老艺人的坚守，通过她们的传、帮、带、学，用通俗易懂的方式，传授平讲戏相关知识及其独有的戏曲声腔及表演程式等，带领新一代的青年演艺人员，在复兴平讲戏的曲折道路上砥砺前进。

（二）党政部门的大力支持

为确保平讲戏后继有人，在省、市和福安各级党政领导和主管部门的大力支持下，2005年福安闽剧团转为主要演平讲戏，2009年恢复成立“福安市平讲剧团”。2012年，福安市平讲剧团整体划转为“福安市平讲戏艺术传承中心”，为事业单位，定编管理；配置传承基地200平方米，每年地方财政投入保护经费68万元，并逐年增加，全面开展平讲戏的保护与传承工作。

福安市委市政府依据平讲戏的发展历程以及实际情况，制定该剧种的长远发展规划。2014年，由福安市委宣传部、市文体和旅游局、市教育局、市老年大学等联合，分别建立了平讲戏艺术传承中心传习基地、市老年大学平讲戏艺术培训基地、坂中中心小学、穆阳中心小学平讲戏艺术传承共建基地、富春公园平讲戏艺术活动基地、下白石平讲戏艺术展演基地6个基地，每年送戏下乡不少于50场次，培养学员上千名，为复兴平讲戏的事业注入强大动力。

多年来，地方党政和主管部门不仅不断加大戏曲艺人资源投入，壮大演出队伍，还加强组织建设，理顺各方机制，每年向上级部门申请省文艺项目资金补助达100多万元，用于创作平讲戏剧目和演出，让这一具有福安特色的地方剧种得以传承和发展。

（三）搜集、整理传统剧目资料

为探明福安平讲戏的历史足迹，平讲戏艺术传承中心在刘碧生的带领下，不辞劳苦，走南闯北，深入城乡进行田野作业，搜集各个历史时期福安平讲戏的资料，包括艺人传承谱系、剧目题记、动作手势、声腔唱法、艺人简传等；还多次走访省内外戏剧研究机构，请教戏曲专家学者，到图书馆、档案馆查找有关资料，对福安平讲戏及其历史资源进行普查。在此基础上，整理出有价值的照片53张，文献资料280页，另外还有部分电子文档；挖掘、抢救平讲戏传统剧目308个，剧本85本，曲调32支，拓展曲调28支，以及锣鼓经等；同时，保有曲调乐谱32支，拓展曲调乐谱28支，录像带5盒。现已复排传统剧目《赠金钗》《断桥》《采桑》等，现代戏《白云山上货郎担》《双定牌》《茶歌》《三棵树》《回春曲》《光荣人家》等，计13部作品。2017年，剧目《马匹卜驳妻》入选国家文化部“剧本扶持工程‘整理改编剧目’项目”，被列为全国扶持的10个剧目之一。

（四）“申遗”工作促进传承保护

“福安市平讲戏艺术传承中心”成立以后，福安市就开启平讲戏申报非物质文化遗产工作。“中心”组织原福安县平讲剧团老艺人，请回远在北京的林之行（享受国务院政府特殊津贴）和郭翠玉老师，及在上海的徐邦梁老师等，共30多位平讲戏老艺人进行探讨研究，搜集相关资料，共挖掘整理《十三三》《十八双》《三十六赠》《七十二杂》等300多个传统剧目。

每位老艺人都是平讲戏活的传承人。“中心”十分珍惜健在的老艺人，对他们丰富多彩的舞台艺术实践、艺术精粹和历史记忆进行挖掘、抢救，认真录音、录像，制作成资料存档。并派专人对新普查资料进行整理、分类、归档、重点保存。在完成平讲戏资料的挖掘、抢救、收集、整理的基础上，将停演了50多年的平讲戏逐级申遗。经过6年的艰苦努力，2011年，平讲戏（福安）申报福建省级非物质文化遗产成功；2014年，经国务院批准，平讲戏（福安）列入第四批国家级非物质文化遗产代表性项目名录；2019年10月，福安平讲戏《马匹卜驳妻》作为“天下第一团”福建代表性剧目参加中国戏曲文化周展演，名动京华。

2013年原福安平讲戏剧团老演员合影

三、完善制度建设、实现活态保护

（一）建立完善平讲戏保护传承制度

《中华人民共和国非物质文化遗产法》所确立的四级保护名录体系和传承人体系，是以制度推进遗产保护的重要标志。推进平讲戏实现在地保护的关键，在于一套系统完善的制度机制。要制定《平讲戏保护传承方案》，对专项资金补助、戏曲剧本创作、演出设备、排练演出场所、社会资助、人才培养等做出明确规定，通过建立科学合理的教育传承机制，不断夯实平讲戏发展的基础性工作。

（二）注重加强演艺人才的培养

学校是推动平讲戏传承发展的重要阵地，让平讲戏“走”进校园是促进传承发展的有效途径。大力推动福安平讲戏进校园，鼓励支持、组织表演团体到全市中小学校开展文艺演出，鼓励中小学生走进剧场。立足坂中中心小学、穆阳中心小学等共建基地，每年选拔40名左右学生，组成平讲戏传承兴趣小组，每周安排两节课，传授平讲戏相关知识及其独有的戏曲声腔及表演特征。支持平讲戏表演团体与职业院校合作，鼓励宁德师范学院、宁德职业技术学院等高等院校开设专门的平讲戏专业，开设戏曲阅读、戏曲写作、戏曲导演、戏曲编剧以及戏曲音乐等课程，最大限度地保留平讲戏的传统形式，最大限度地培养平讲戏专业人才。实施“名家传戏”工程，支持领军人物采样“一带一”“一带多”等方式传授表演艺术，培养更多的传承人。

（三）借助新媒体和数字文创技术加持创新

1. 采取“短视频＋直播”的方式，发挥新媒体传播速度快、影响范围广、层级扁平化的优势，迅速将传统文化信息传递到基层人群特别是年轻群体之中，增强他们的参与度。

2. 对戏曲文化进行文创开发，或是制作传统剧种的音像制品、地方戏曲人物的脸谱工艺品、戏曲人物的剪纸及泥塑作品等；或是编印一些介绍当地戏曲剧种的画册、明信片、挂历、书签等；还可以开发一些戏曲舞台演出的小道具等作为纪念品出售。

3. 依托当地的博物馆、文化馆的馆藏资源优势，通过对戏曲文脉的追溯来展现剧种的形成历史和艺术特色。馆内的展示可以分为静态展示和动态展示。在静态展示区，可以展示当地剧种的老艺人手稿、戏曲文物、服饰、乐器、剧本等。在动态展示区，可以利用多媒体设备在大屏幕上播放剧种的传统与现代精品剧目的动态影像。或利用VR技术还原剧种发源地的社会生活状态，让游客“身临其境”感受一个剧种诞生的过程。也可邀请剧种的传承人定期来馆进行技艺展示，与观众互动交流，让平讲戏宣传推广实现润物细无声。

（四）融入展演平台，提升知名度和影响力

1. 积极参加国内具有代表性的各类戏曲艺术节，拓展知名度。近年来，平讲戏参加第七届省艺术节第27届戏剧会演获得了演出剧目二等奖、个人二等奖3个，个人三等奖5个的殊荣。2020年，平讲戏应国家文化和旅游部邀请，参加由国家文旅部主办的中国戏曲史上规模空前的“2020年百戏（昆山）盛典”。2021年，中央电视台《国家宝藏·展演季》节目组经过层层筛选，最终在全国四个区域选出四个富有地方特色的古老剧种，其中平讲戏（福安）代表华东区荣耀入选。

2. 融入当地大型节庆旅游活动，活跃城乡节庆文化市场。如积极参与重要政治性节日、大型文化活动和民间红白喜事的演出，创出精品贴近群众，活跃气氛，让戏剧和民俗有机融合。如将平讲戏融入节庆旅游过程中加以开发和宣传，推动实现平讲戏有效传承与旅游市场的融合发展。

3. 实施文化惠民工程。近年来，福安市委宣传部和市文化局牵头，挖掘、创排了13个剧目，开展送平讲戏下基层活动，陆续参加社区“群星秀”音乐周、文化和自然遗产日、文化三下乡、宁德市“魅力闽东”文化惠民专场演出及福建省经典折子戏展演等，取得良好的社会反响。因此，可以根据基层群众需求，将平讲戏纳入基本公共文化服务目录，通过政府购买服务等方式，组织平讲戏表演团体走街串巷进基层为群众演出。

（五）打造平讲戏精品剧目

优秀剧目是剧种的门脸。在平讲戏的发展历程中，留下了许多脍炙人口的优秀剧目。要响应“坚定文化自信，推动社会主义文化繁荣兴盛”的要求，积极创作推出一批具有浓郁地方特色、思想性艺术性观赏性相统一、人民群众喜闻乐见的优秀作品，推动平讲戏科学发展。紧扣时代脉搏，加强改革创新，创作贴近受众需求的戏剧作品，宣传健康向上、迎合现代人的生活需求，尤其是要在声乐、唱腔、舞美等视听觉效果上积极改良，激发年轻人的兴趣爱好。鼓励戏剧工作者走入群众，走入生活，捕捉福安地方的风土人情、民间习俗、宗族关系、社会心理、历史变迁，融合地方文字语言，让戏剧达到感染人、鼓舞人、教育人、激励人的效果。

坦洋工夫制作技艺的保护与传承

林树清

福安产茶历史悠久，最早可追溯至隋唐时期，是著名茶乡、全国重点产茶县，现有茶园30万亩，涉茶人口达40多万人。福安坦洋工夫红茶从1851年始创至今已有170多年。在长期的生产经营过程中形成独特的制作技艺，赢得众多海外消费者的青睐。1915年，坦洋工夫红茶在巴拿马国际博览会上荣获金奖，为祖国赢得荣誉。

近代以来，坦洋工夫红茶的产区曾遍及闽东的6个县。在福安，红茶产地分布于各乡镇，技艺传承方式主要靠师徒传承。坦洋工夫手工制作技艺也成为福安珍贵的非物质文化遗产。

一、坦洋工夫制作技艺的危机

中华人民共和国成立以后，茶叶作为国家二类战略物资和边疆牧民

福安市坦洋茶场，“国家级非遗坦洋工夫茶制作技艺传习所”设在这里

的生活必需品，被国家纳入统购统销管理。1958年，福安成立坦洋国营茶厂，为福安茶厂生产精制工夫红茶的初加工原料茶。根据有关部门统计，1949—1969年间，福安茶厂共加工、精制工夫红茶3.48万吨，其中出口2.59万吨，茶叶总产值27094万元。到了20世纪60年代后期，随着中苏关系恶化，坦洋工夫红茶失去了主要买主，生产规模大幅度缩减。为了顺应国际形势变化，福安茶人不得不忍痛割爱，整体“红”改“绿”，主要改为生产绿茶和以绿茶为再加工原料的茉莉花茶等花香茶。

改革开放初期，国家为了发展出口创汇，针对西方人喜欢在红茶中加入牛奶的饮食文化习惯，市场逐渐推崇口味“浓、强、鲜”型的红碎茶。此类红茶以印度、斯里兰卡出产的茶叶为主，在我国的云南、广东、海南等一些偏热带区域和我们福建的部分国营茶厂也生产。红碎茶的特点是追求茶叶的叶面大、茶汤颜色红亮红艳，而坦洋工夫红茶是典型的条形红茶，仅剩一些欧洲的老茶客仍喜欢。

这一时期福安虽然已经恢复了红茶生产，但由于市场被占据，茶叶生产主要还是以绿茶、珠茶、花茶为主。据坦洋工夫制作大师林鸿介绍，他

白云山茶博物馆一隅

自己于1981年宁德地区农业学校茶叶专业毕业后分配到福安县茶业局工作，次年调到福安国营坦洋茶场，时任茶场工夫红茶技术指导的就是他师父一人，整个福安生产“坦洋工夫”红茶的也就只有福安国营茶厂和福安国营坦洋茶场两家，全年福安原箱出口的“坦洋工夫”红茶产量大概在一万担，还达不到新中国成立初期福安茶厂单个厂年均出口量的40%。

1984年，我国开始实施茶叶流通体制改革，个体茶企业应运而生，如雨后春笋分布在城乡各地。许多茶企业纷纷做起到坦洋工夫红茶，可是能全面掌握红茶制作工艺的技术人才奇缺，严重制约了工夫红茶的生产。坦洋工夫制作技艺的传承面临巨大的危机。

二、坦洋工夫制作技艺的传承

（一）福安老茶人的坚守

坦洋工夫红茶制作虽然经历了较长时间的“暂停”，但仍有一批制茶老匠师在默默坚持，现年80多岁的李宗雄就是其中一个。这位老匠师从18岁开始就与坦洋工夫的制作技艺结缘，曾长期在福安茶厂坦洋初制厂任职，擅长制作“炭焙红茶”。1989年，他和另外两位师傅组成“创优小组”，制茶晋京评选并获国家部优产品称号。福安重振红茶雄风后，多年来，他致力于研究坦洋工夫红茶制作技艺及福安茶文化。不但在家乡传艺，还多次应邀前往贵州、四川、湘西等茶产区，传授“闽红”坦洋工夫制茶技艺，将坦洋工夫红茶的制作技艺和福安茶文化传播到许多地方。

从2017年迄今，福安市共有4位制茶师获得“国茶工匠·制茶大师”称号，15人分别获评省、地、县（市）级非遗传承人，4人获评制茶高级工程师，3人分别获国家级技术能手和农业部技术能手称号。

（二）党政和主管部门的支持

福安市委市政府把茶业为福安市重点产业之一，每年都核拨一定经费用于推动产业发展，并遵循“保护为主、合理利用、加强管理”的方针，拨专款专门用于保护和传承坦洋工夫制作技艺。

2006年，福安市委、市政府确定将茶业作为民生产业，列入福安“三大主导产业”，出台促进茶业发展的“五个一”工程及相关政策措施，即打造一个坦洋工夫品牌、建设一个茶叶加工园区、每年推广新优品种一万亩、每年举办一场大型茶事活动、建设一个中国海峡大茶都。

2008年，在福安市委市政府的大力推动下，坦洋工夫红茶被认定为“中国申奥第一茶”。福安市委市政府还专门成立福安市茶业领导小组，加强对涉茶行业的领导。2015年，支持坦洋工夫红茶企业重返世博，亮相

“首届中国红茶大会暨坦洋工夫茶旅文化节”2023年3月15—17日在福安市举行

意大利米兰。2017年，在闽茶中国行“一带一路”建设活动中，福安被评为“闽茶优秀茶产区”并获得闽茶文化推广特别贡献奖，坦洋工夫获“中国名茶百年荣耀金品牌奖”和“2017年中国茶叶区域公用品牌价值十强”，品牌价值26.39亿元。2019年，直径2.022米、重1851斤、国内最大的“鸟巢·坦洋工夫”红茶茶饼亮相助威北京冬奥会，并被收藏入驻北京奥林匹克塔。

在福安市有关部门的支持下，市茶艺团（组建于1992年）创作、编排、表演的“坦洋工夫茶艺”饮誉八闽。福安市还组织拍摄坦洋工夫电视片，制作多版本光盘、画册、广告，支持《福安茶文化》《坦洋工夫》等茶书的编写、出版，多方面多渠道宣传福安的茶历史、茶产业和茶文化。

（三）茶业协会的努力

2001年福安市茶业协会成立，作为一个社团组织协会，也是茶行业公共品牌的管理者与保护承担单位。为了更好地保护和传承传统制作技艺，茶业协会还和宁德职业技术学院合作成立“坦洋工夫茶传承人工作委员

2023年3月6日惊蛰，坦洋工夫茶产区祭茶喊山

会”，市茶业管理局（茶产业发展中心）、茶业协会每年定期举办传统制法培训班，由代表性传承人林鸿、李宗雄、郑培明等现场指导实践操作。其中省级非遗传承人林鸿共举办“坦洋工夫制作技术培训班”60多期，培训学员2000多人次；宁德市级非遗传承人李宗雄所在的茶叶生产企业接待茶商游学人数均保持在4批次、120人次以上。这些学员不仅有来自本市和邻近的寿宁、周宁、蕉城等地，也有来自福州的闽侯、福清和三明、大田、尤溪等县市，甚至还有四川、贵州、河南信阳等地制茶之人慕名而来。丰富的技术咨询与培训活动也在很大程度上，为福安市对外宣传“坦洋工夫”品牌，提升红茶制作技艺，起促进作用。

为了促进坦洋工夫茶品质的不断提升，茶业协会还经常组织斗茶赛。迄今坦洋工夫斗茶赛已经举办16届，对坦洋工夫品牌的发展起到很好的作用。

此外，茶业协会还与教育部门合作，还将坦洋工夫红茶制作技艺编成地方教材，在福安职业中专等院校设置坦洋工夫制作专业，组织学生观摩坦洋工夫传承人制作红茶，培养世代传承人。

市茶业协会很重视“坦洋工夫”地理标志的保护工作。2017年8月，全国标准样品技术委员会在福安召开会议，评审通过坦洋工夫茶国家标准实物样品，使坦洋工夫茶成为闽东第一个拥有国家标准实物样品的茶叶公共品牌。

2018年2月，国家质量监督检验检疫总局、国家标准化管理委员会在福安召开会议，发布《中华人民共和国国家标准·红茶加工技术规范》（GB/T 35801—2018），该标准适用于包括坦洋工夫在内的红茶加工。这一年，福安市被中国茶叶流通协会授予“中国红茶之都”称号。

福安市茶业协会还牵头组织制定《坦洋工夫红茶综合标准》《“坦洋工夫”国家地理标志产品保护管理办法》《“坦洋工夫”证明商标使用管理规则》并颁布实施，“坦洋工夫”地理标志得到较好的保护。

传统生产坦洋工夫红茶的原料多是坦洋菜茶。近年有的茶叶企业为了迎合消费者的“新”“异”需求，也采用高香型茶树品种如金观音、

黄观音、金牡丹、紫玫瑰、白芽奇兰、梅占等为原料，生产坦洋工夫红茶。一款新型的红茶“花果香坦洋工夫——闽科红”应运而生，丰富了坦洋工夫红茶的花色品种，受到茶叶消费者的欢迎和市场的认可。为了规范“花果香坦洋工夫”的产制，市茶业协会协同相关单位司联合制定《福安市茶业协会团体标准·花果香坦洋工夫/闽科红》（T/FACX001—2018），标志着坦洋工夫由传统型向创新型发展，10万亩高香型茶叶优质品种、创新型花果香红茶有了制作标准。

三、在传承中突出“活态保护”

福安市很重视“坦洋工夫传统制作技艺”这一非物质文化遗产项目的传承和“活态保护”。

2019年，福安市坦洋工夫红茶非遗传习所在社口镇四甫村坦洋茶场成立。传习所占地面积1.2万平方米，内设坦洋工夫茶博物馆、传统制茶器具展览馆、传统红茶初制与精制场所、红茶审评室，以及可容纳100人的培训教室、可同时接纳30人住宿的茶文化民宿等。传习所不仅为开展项目传承提供了基础条件，也是很好的交流学习平台。

2019年11月，由中共福安市委组织部、福安市人力资源和社会保障局批准成立的福安市茶业人才驿站正式挂牌。人才驿站内设创业加速器、公共会议室、图书资料室、人才管理服务中心、青年之家等，由福安市茶业协会具体负责运营，依托福安市茶叶专家委员会办公室、福建省新农村科普示范基地、福安市茶业协会科普惠农服务站、福建省百强农村专业技术协会等相关企事业，以及团体技术专家、茶行业拔尖技术人才30多人，开

中国非遗制茶大会2023惊蛰祭茶全球联动·坦洋工夫茶产区（白云山茶博物馆供图）

展相应的各项活动。

作为福安市非物质文化遗产的重要项目，“坦洋工夫传统制作技艺”实至名归。2008年，该项目列入宁德市的非遗名录；2009年，列入省级名录；2021年6月，“坦洋工夫传统制作技艺”入选第五批国家级非物质文化遗产；2022年11月，作为中国红茶的代表被联合国教科文组织列入人类非物质文化遗产代表作名录。

附录一

福安市非物质文化遗产代表性项目名录

（截至2022年2月15日）

序号	项目名称	项目类别	公布批次	保护单位	保护级别
1	银饰锻制技艺（畲族银器制作技艺）	传统技艺	2011年5月23日第三批	福安市珍华堂畲族银器技术研究所	国家级
2	平讲戏（福安）	传统戏剧	2014年11月11日第四批	福安市平讲戏艺术传承中心	国家级
3	坦洋工夫茶制作技艺	传统技艺	2021年6月12日第五批	福安市茶业协会	国家级
4	宁德畲族奶娘催罡巫舞	传统舞蹈	2005年10月31日第一批	福安市文化馆	省级
5	宁德畲族三月三节俗	民俗	2005年10月31日第一批	福安市畲歌协会	省级
6	根雕（福安）	传统美术	2011年12月14日第四批	福安市刘解放根雕馆	省级
7	畲族医药（福安）	传统医药	2011年12月14日第四批	福安市畲医药研究发展中心	省级
8	（畲族武术）福安金斗洋畲族拳	传统体育、游艺与杂技	2017年1月18日第五批	福安市山哈畲族文化研究发展中心	省级
9	畲族乌饭制作技艺（福安）	传统技艺	2017年1月18日第五批	福安市山哈畲族文化研究发展中心	省级
10	闽东畲族婚俗	民俗	2019年2月25日第六批	福安市畲歌协会	省级
11	福安官埔油扇制作技艺	传统技艺	2022年1月29日第七批	福安市城北街道前进社区	省级
12	福安评话	曲艺	2022年1月29日第七批	福安市曲艺协会	省级

序号	项目名称	项目类别	公布批次	保护单位	保护级别
13	闽东畲族传统服饰制作技艺（福安）	传统技艺	2022年1月29日第七批	福安市山哈畲族文化研究发展中心	省级
14	福建红糖制作技艺（福安）	传统技艺	2022年1月29日第七批	福安市昌运种植专业合作社	省级
15	畲族宝塔茶礼俗	民俗	2016年1月6日第五批	福安市山哈畲族文化研究发展中心	宁德市级
16	畲族佳期酒礼俗	民俗	2016年1月6日第五批	福安市山哈畲族文化研究发展中心	宁德市级
17	书画装裱修复技艺（福安）	传统技艺	2018年9月10日第六批	福安市问墨文化传播有限公司	宁德市级
18	畲族二月二会亲节（福安）	民俗	2018年9月10日第六批	福安市山哈畲族文化研究发展中心	宁德市级
19	木帆船制作技艺（福安）	传统技艺	2022年2月15日第七批	福安市文化馆	宁德市级
20	布袋戏（福安）	传统戏剧	2022年2月15日第七批	福安市文化馆	宁德市级
21	线面制作技艺（福安穆阳线面制作技艺）	传统技艺	2022年2月15日第七批	福安市穆阳镇线面协会	宁德市级
22	“啰哩嗹”信俗舞蹈	传统舞蹈	2022年2月15日第七批	福安市山哈畲族文化研究发展中心	宁德市级
23	光饼制作技艺（福安）	传统技艺	2022年2月15日第七批	福安市烹饪协会	宁德市级
24	锡器锻制技艺（福安）	传统技艺	2022年2月15日第七批	福安市城镇集体工业联合社	宁德市级
25	银器锻制技艺（福安）	传统技艺	2022年2月15日第七批	福安市玖玖工艺品有限公司	宁德市级
26	畲族苎麻手工织布技艺（福安）	传统技艺	2022年2月15日第七批	福安市山哈畲族文化研究发展中心	宁德市级

序号	项目名称	项目类别	公布批次	保护单位	保护级别
27	畲族白釉制作技艺（福安）	传统技艺	2022年2月15日第七批	福安市畲医药研究发展中心	宁德市级
28	闾山信俗（福安）	民俗	2022年2月15日第七批	福安市道教协会	宁德市级
29	田公元帅信俗（福安）	民俗	2022年2月15日第七批	福安市山哈畲族文化研究发展中心	宁德市级
30	芹洋百年刺绣工艺	传统技艺	2017年2月19日第二批	福安市溪潭镇芹洋村民委员会	福安市级
31	闽东芙蓉李干制作技艺	传统技艺	2017年2月19日第二批	福安市潭头镇芙蓉李协会（福建润林农业发展有限公司）	福安市级
32	畲家菅粽制作技艺（福安）	传统技艺	2017年2月19日第二批	福安市山哈畲族文化研究发展中心	福安市级
33	洋西竹火笼编制技艺	传统技艺	2019年11月20日第三批	福安市松罗乡洋西村民委员会	福安市级
34	畲族糍粑制作技艺	传统技艺	2019年11月20日第三批	福安市山哈畲族文化研究发展中心	福安市级
35	穆阳油纸伞制作技艺	传统技艺	2019年11月20日第三批	福安市穆阳镇文化站	福安市级
36	徐江火树敬祖节	民俗	2019年11月20日第三批	福安市湾坞镇徐江村民委员会	福安市级
37	银饰锻制技艺（畲族银器制作技艺）	传统技艺	2019年11月20日第三批（县市级第一批扩展项目）	福安市山哈畲族文化研究发展中心（新增保护单位）	福安市级

福安非物质文化遗产项目代表性传承人名单

（截至2022年2月）

序号	传承人	性别	项目类别	项目名称	公布时间	级别
1	林仕元	男	传统技艺	银饰锻制技艺（畲族银器制作技艺）	2012年12月 第四批	国家级
2	林伟星	男	传统技艺	银饰锻制技艺（畲族银器制作技艺）	2018年2月 第四批	省级
3	钟隐芳	女	传统医药	畲族医药（福安）	2018年2月 第四批	省级
4	刘解放	男	传统美术	根雕（福安）	2018年2月 第四批	省级
5	钟伏谢	男	传统技艺	畲族乌饭制作技艺（福安）	2018年2月 第四批	省级
6	钟团玉	女	传统体育、游艺与杂技	畲族武术（福安金斗洋畲族拳）	2018年2月 第四批	省级
7	雷廷木	男	传统舞蹈	宁德畲族奶娘催罡巫舞	2018年2月 第四批	省级
8	邓张松	男	传统舞蹈	宁德畲族奶娘催罡巫舞	2021年2月 第五批	省级
9	钟石木	男	民俗	宁德畲族三月三节俗	2021年2月 第五批	省级
10	林　鸿	男	传统技艺	坦洋工夫茶制作技艺	2021年2月 第五批	省级
11	钟　清	男	传统医药	畲族医药（福安）	2011年1月 第三批	宁德市级
12	吴建华	男	传统技艺	畲族乌饭制作技艺（福安）	2014年9月 第四批	宁德市级

序号	传承人	性别	项目类别	项目名称	公布时间	级别
13	雷盛荣	男	传统体育、游艺与杂技	畲族武术（福安金斗洋畲族拳）	2014年9月 第四批	宁德市级
14	蓝贵波	男	传统舞蹈	宁德畲族奶娘催罡巫舞	2020年6月30日 第六批	宁德市级
15	杨光兴	男	曲艺	福安评话	2020年6月30日 第六批	宁德市级
16	吴祚树	男	曲艺	福安评话	2020年6月30日 第六批	宁德市级
17	雷康莲	女	传统体育、游艺与杂技	畲族武术（福安金斗洋畲族拳）	2020年6月30日 第六批	宁德市级
18	钟刘华	男	传统体育、游艺与杂技	畲族武术（福安金斗洋畲族拳）	2020年6月30日 第六批	宁德市级
19	吴廷文	男	传统技艺	闽东畲族传统服饰制作技艺（福安）	2020年6月30日 第六批	宁德市级
19	钟桂梅	女	传统技艺	闽东畲族传统服饰制作技艺（福安）	2020年6月30日 第六批	宁德市级
20	卓立云	男	传统技艺	闽东红糖制作技艺（福安）	2020年6月30日 第六批	宁德市级
21	卓立华	男	传统技艺	闽东红糖制作技艺（福安）	2020年6月30日 第六批	宁德市级
22	胡祖荣	男	传统技艺	坦洋工夫茶制作技艺	2020年6月30日 第六批	宁德市级
24	李宗雄	男	传统技艺	坦洋工夫茶制作技艺	2020年6月30日 第六批	宁德市级
25	施立强	男	传统技艺	坦洋工夫茶制作技艺	2020年6月30日 第六批	宁德市级
26	郑明星	男	传统技艺	坦洋工夫茶制作技艺	2020年6月30日 第六批	宁德市级

序号	传承人	性别	项目类别	项目名称	公布时间	级别
27	李彦晨	男	传统技艺	坦洋工夫茶制作技艺	2020年6月30日 第六批	宁德 市级
28	林芝华	男	传统技艺	坦洋工夫茶制作技艺	2020年6月30日 第六批	宁德 市级
29	吴平月	女	传统技艺	坦洋工夫茶制作技艺	2018年9月10日 第二批	宁德 市级
30	钟神滔	男	民俗	宁德畲族三月三节俗	2020年6月30日 第六批	宁德 市级
31	雷寿玉	女	民俗	宁德畲族三月三节俗	2020年6月30日 第六批	宁德 市级
32	雷梅娇	女	民俗	闽东畲族婚俗	2020年6月30日 第六批	宁德 市级
33	雷振兴	男	民俗	畲族二月二会亲节	2020年6月30日 第六批	宁德 市级
34	雷廷平	男	民俗	畲族二月二会亲节	2020年6月30日 第六批	宁德 市级
35	钟石秋	男	传统医药	畲族医药（福安）	2020年6月30日 第六批	宁德 市级
36	钟铃锋	男	传统医药	畲族医药（福安）	2020年6月30日 第六批	宁德 市级
37	林石明	男	传统技艺	银饰锻制技艺 （畲族银器制作技艺）	2017年2月 第一批	福安 市级
38	叶清茂	男	传统技艺	银饰锻制技艺 （畲族银器制作技艺）	2017年2月 第一批	福安 市级
39	王　琪	男	传统技艺	银饰锻制技艺（畲族银器制作技艺）	2017年2月 第一批	福安 市级
40	雷伏梅	女	传统医药	畲族医药（福安）	2017年2月 第一批	福安 市级

序号	传承人	性别	项目类别	项目名称	公布时间	级别
41	钟金声	男	民俗	畲族宝塔茶礼俗	2017年2月 第一批	福安 市级
42	钟石寿	男	民俗	畲族宝塔茶礼俗	2017年2月 第一批	福安 市级
43	雷菊红	女	民俗	畲族佳期酒礼俗	2017年2月 第一批	福安 市级
44	雷长菊	女	民俗	畲族佳期酒礼俗	2017年2月 第一批	福安 市级
45	邱泽光	男	传统舞蹈	宁德畲族奶娘催罡巫舞	2018年9月10日 第二批	福安 市级
46	邓照华	男	传统舞蹈	宁德畲族奶娘催罡巫舞	2018年9月10日 第二批	福安 市级
47	雷增春	男	传统舞蹈	宁德畲族奶娘催罡巫舞	2018年9月10日 第二批	福安 市级
48	雷振强	男	传统舞蹈	宁德畲族奶娘催罡巫舞	2018年9月10日 第二批	福安 市级
49	阮润春	男	传统技艺	坦洋工夫茶制作技艺	2018年9月10日 第二批	福安 市级
50	李清春	男	传统技艺	坦洋工夫茶制作技艺	2018年9月10日 第二批	福安 市级
51	陈　健	男	传统技艺	坦洋工夫茶制作技艺	2018年9月10日 第二批	福安 市级
52	池华荣	男	传统技艺	坦洋工夫茶制作技艺	2018年9月10日 第二批	福安 市级
53	黄荣章	男	传统技艺	坦洋工夫茶制作技艺	2018年9月10日 第二批	福安 市级
54	刘忠雄	男	传统技艺	坦洋工夫茶制作技艺	2018年9月10日 第二批	福安 市级

序号	传承人	性别	项目类别	项目名称	公布时间	级别
55	郑培明	男	传统技艺	坦洋工夫茶制作技艺	2018年9月10日 第二批	福安 市级
56	雷梅娇	女	传统体育、 游艺与杂技	畲族武术（福安金斗洋 畲族拳）	2018年9月10日 第二批	福安 市级
57	雷金全	男	传统医药	畲族医药（福安）	2018年9月10日 第二批	福安 市级
58	雷木仔	男	传统医药	畲族医药（福安）	2018年9月10日 第二批	福安 市级
59	钟铃华	男	传统医药	畲族医药（福安）	2018年9月10日 第二批	福安 市级
60	兰艳芳	女	民俗	闽东畲族婚俗	2018年9月10日 第二批	福安 市级
61	卓亮亮	男	传统技艺	闽东红糖制作技艺 （福安）	2018年9月10日 第二批	福安 市级
62	郑文祥	男	传统技艺	传统木帆船制作技艺	2018年9月10日 第二批	福安 市级
63	陈仪云	男	传统技艺	传统木帆船制作技艺	2018年9月10日 第二批	福安 市级
64	雷伏团	男	曲艺	布袋戏	2018年9月10日 第二批	福安 市级
65	雷奶全	男	传统技艺	畲族糍粑制作技艺	2020年11月25日 第三批	福安 市级
66	雷金兴	男	传统医药	畲族医药（福安）	2020年11月25日 第三批	福安 市级
67	钟幼雄	男	传统医药	畲族医药（福安）	2020年11月25日 第三批	福安 市级
68	雷卫平	男	传统体育、 游艺与杂技	畲族武术（福安金斗洋 畲族拳）	2020年11月25日 第三批	福安 市级

序号	传承人	性别	项目类别	项目名称	公布时间	级别
69	雷友平	男	传统体育、游艺与杂技	畲族武术（福安金斗洋畲族拳）	2020年11月25日第三批	福安市级
70	雷建铃	男	传统舞蹈	宁德畲族奶娘催罡巫舞	2020年11月25日第三批	福安市级
71	兰家好	男	传统舞蹈	宁德畲族奶娘催罡巫舞	2020年11月25日第三批	福安市级
72	钟廷金	男	传统技艺	畲族菅粽制作技艺	2020年11月25日第三批	福安市级
73	吴玉容	女	传统技艺	畲族菅粽制作技艺	2020年11月25日第三批	福安市级
74	兰德全	男	传统技艺	畲族菅粽制作技艺	2020年11月25日第三批	福安市级
75	兰成玉	男	传统技艺	畲族白粬制作技艺	2020年11月25日第三批	福安市级
76	钟伏松	男	传统技艺	畲族银器制作技艺（扩展项目）	2020年11月25日第三批	福安市级
77	钟幼雄	男	传统技艺	畲族银器制作技艺（扩展项目）	2020年11月25日第三批	福安市级
78	阮世峰	男	传统技艺	畲族银器制作技艺（扩展项目）	2020年11月25日第三批	福安市级
79	王银妃	女	传统技艺	畲族苎麻手工织布技艺	2020年11月25日第三批	福安市级
80	钟长宝	男	民俗	闽东田公元帅信俗文化	2020年11月25日第三批	福安市级
81	郑仲发	男	民俗	闽东田公元帅信俗文化	2020年11月25日第三批	福安市级
82	郭增贤	男	传统技艺	锡器锻制技艺	2020年11月25日第三批	福安市级

序号	传承人	性别	项目类别	项目名称	公布时间	级别
83	刘陈喜	男	传统舞蹈	闽东"啰哩嗹"信俗舞蹈	2020年11月25日第三批	福安市级
84	钟丽明	男	传统舞蹈	闽东"啰哩嗹"信俗舞蹈	2020年11月25日第三批	福安市级
85	钟文年	男	传统舞蹈	闽东"啰哩嗹"信俗舞蹈	2020年11月25日第三批	福安市级
86	邓张松	男	民俗	闽东闾山信俗文化	2020年11月25日第三批	福安市级
87	黄招文	男	传统美术	根雕（福安）	2020年11月25日第三批	福安市级
88	雷菊梅	女	民俗	闽东畲族婚俗	2020年11月25日第三批	福安市级
89	雷秀娇	女	民俗	宁德畲族三月三节俗	2020年11月25日第三批	福安市级
90	雷团容	女	民俗	宁德畲族三月三节俗	2020年11月25日第三批	福安市级
91	陈芳	女	传统戏剧	平讲戏（福安）	2020年11月25日第三批	福安市级
92	吴新梅	女	传统戏剧	平讲戏（福安）	2020年11月25日第三批	福安市级
93	袁石明	男	传统戏剧	平讲戏（福安）	2020年11月25日第三批	福安市级
94	陈爱容	女	传统戏剧	平讲戏（福安）	2020年11月25日第三批	福安市级
95	谢惠琴	女	传统戏剧	平讲戏（福安）	2020年11月25日第三批	福安市级
96	邱采凤	女	传统戏剧	平讲戏（福安）	2020年11月25日第三批	福安市级

序号	传承人	性别	项目类别	项目名称	公布时间	级别
97	郑瑞程	男	传统技艺	福安市传统木质帆船制造技艺	2020年11月25日第三批	福安市级
98	池建华	男	传统技艺	福安官埔油扇制作技艺	2020年11月25日第三批	福安市级
99	陈华兴	男	传统技艺	穆阳线面传统手工制作技艺	2020年11月25日第三批	福安市级
100	杨仙寿	男	传统技艺	闽东银器传统锻制技艺	2020年11月25日第三批	福安市级
101	杨清姿	女	传统技艺	闽东银器传统锻制技艺	2020年11月25日第三批	福安市级
102	杨仙福	男	传统技艺	闽东银器传统锻制技艺	2020年11月25日第三批	福安市级

福安市非物质文化遗产展示馆

（2022年6月14日开馆）

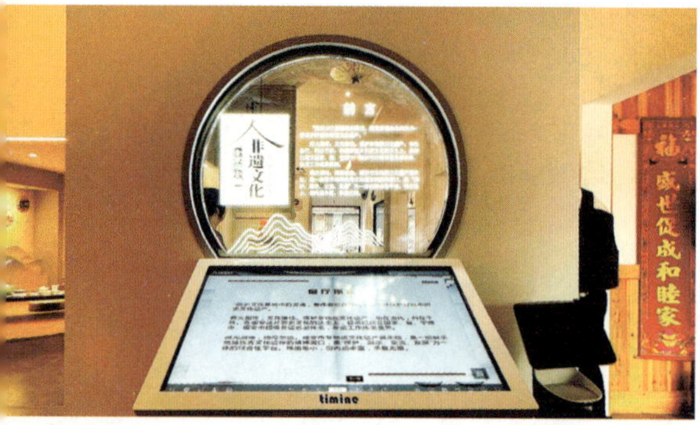

附录二

福安市第四批市级非物质文化遗产代表性项目名录

（福安市人民政府2023年1月5日公布）

序号	项目名称	项目类别	保护单位
1	福安乔迁习俗	民俗	福安市城南街道东风社区居民委员会
2	福安婚庆习俗	民俗	福安市城南街道东风社区居民委员会
3	喜娘习俗	民俗	福安市民俗文化协会
4	五显大帝信俗	民俗	福安市穆阳镇苏堤五显宫
5	南岩侯缪二仙民间信俗文化	民俗	福安市潭头镇南岩村民委员会
6	传统建筑营造技艺（福安）	传统技艺	福安市城镇集体工业联合社
7	畲族土墙制作技艺（福安）	传统技艺	福安市山哈畲族文化研究发展中心
8	草鞋编织技艺（福安）	传统技艺	福安市山哈畲族文化研究发展中心
9	畲族彩带编制技艺	传统技艺	福安市山哈畲族文化研究发展中心
10	韩阳孙氏青草油制作技艺	传统技艺	福安市桦新文化艺术有限公司

序号	项目名称	项目类别	保护单位
11	中秋饼（礼饼）制作技艺	传统技艺	福安市松罗乡古厝村民委员会
12	福安·闽东茉莉花茶制作技艺	传统技艺	福安市茶业协会
13	福安白茶制作技艺	传统技艺	福安市茶业协会
14	福安泥塑制作技艺	传统技艺	福安市杨光雕塑设计工作室
15	闽派灰雕技艺	传统技艺	福安市溪潭镇城山村民委员会
16	福安金器制作技艺	传统技艺	福安市城南街道东风社区居民委员会

福安市第四批市级非物质文化遗产代表性项目简介

福安乔迁习俗

福安乔迁习俗历史悠久，流传至今。宗旨是为图一个吉利，主要程式有择日、安灶、安门、挂镜、入宅、敬祖、酒宴等。安灶时要在灶内放“七宝”，即竹钉、米、茶叶、麦、芝麻、豆、铜钱；安门是在大门上安装门楣红布；挂镜必在大门外上方挂“米筛镜”，上有八卦镜、剪、尺、裁刀、戥秤、芦荟、通书。此外还应筹备箩筐、斗灯、火盆、米饭、碗碟、甘

新居厅堂

乔迁队伍用的“箩担”

乔迁新居用的蒸饭桶

蔗、竹竿、簸斗、扫把、大秤、柴片、鞭炮、红布袋、米、谷、龙水桶等。入宅时辰到来，家主肩负“家规”、钱框，披红布袋，执算盘、大秤在前带队，女主头戴红花，着红裙，挽红灶裙，提红灯，执笊篱、扫把、簸斗等紧随其后；后续队伍挑十个担子按次序紧随，担子内容为火钵、饭、米汤、金砖（砖头包金纸）、水与汤（用红桶装）、谷、米（红布袋装）、金瓜（南瓜）、芦荟叶、万年青、柴片、喜糖与鞭炮、糕点与线面、菜肴、鱼肉等。

福安婚庆习俗

福安传统的婚庆习俗有议婚、定婚、结婚三个阶段。（一）议婚。即谈婚论嫁，先由男方托媒提亲，女方若有意就将“命纸”（俗称“生庚八字”）交媒人带回男家请“算命先生”来“合婚”，如果没有“冲克”，便可进入定婚阶段。（二）定婚。就是订婚，又称“下定”。男家通过媒人与女方议定聘金、聘礼、婚期，然后择吉日送到女家，婚约就此订立，称为“小定”。接着

拟古婚礼

便是“大定”，就是大聘，也叫“送大帖”。男方择吉日送“乾坤帖”、聘金、聘礼到女家，女家须回赠男家糖果、新郎衣料。此后还要“送日子”，男方要再一次给女方送礼，并将确定的迎娶日期告知女方。至此定婚阶段结束，男家准备迎娶，女家忙于送嫁。（三）结婚。前一天男家要给女家送“娘奶花财”和“答轿肉”，还要备“新媳妇花财”“锁箱红包”“上轿红包”“绗新妇被红包”等；女家则将嫁妆准备好，等候男家人来“抬扛”，每个“扛”都盛着一项嫁妆。迎娶之日女家要办午宴请亲友，叫“出门酒”；上轿前新娘与兄弟行分爨礼，称“分家继”。结婚的礼仪最为繁缛，包括拜堂、吃佳期酒、闹洞房、下厨、庙见等。“伴娘妈”（也称“送嫁嫂”）全程陪护新娘，指导新娘的礼仪活动和对夫家亲眷的称呼。

喜娘现象

喜娘参加迎亲活动

福安的“喜娘”现象是传统婚俗“伴娘妈”（也称“送嫁嫂”）的延续和发展。传统婚俗的“伴娘妈”是举行婚礼时，由男家雇请的通晓礼仪、能说会道、善于应酬而且“好命”的中年妇女。主要职责是全程陪护新娘，在婚礼上指导繁琐的礼仪和新娘的行止，带领新人完成礼仪；并适时押韵地唱吉祥话，为新人送去祝福；还要向新娘介绍夫家的长辈及亲朋，避免新娘出差错。20世纪80年代以后，传统婚礼逐渐回归又有改良。2000年后，在一些地方的传统婚礼上，陪护新娘的不再是传统的“伴娘妈”，“喜娘”逐渐活跃，她们年轻又善于表演，

喜娘在神宫落成典礼上表演

在迎亲队伍前袅袅娜娜。福安喜娘队伍不断扩大，最初以服务民间婚嫁礼仪为主，以特定的角色（人数1人或多人），介入婚庆礼仪的多个环节，服务过程引进现代和外地喜庆活动的多个元素；主要活动有喝彩、祈福、歌谣、才艺表演等，增加场面的喜庆气氛。近年来，福安喜娘除婚庆外，还参与寿宴、乔迁仪式、抓周、开笔礼、成人礼、祭祀礼等活动。

五显大帝信俗

五显信俗在福安历史久远，民间称五显帝为“舍头公”或“大舍头”。明万历《福安县志·坛祠·五显庙》：“各乡隅皆祀。”五显帝在神界

苏堤迎五显帝活动

的地位很高，有“神头佛尾”之说。苏堤五显宫每年农历九月二十八都举行隆重的庙会，演神戏为五显帝祝寿，祈求风调雨顺，田禾大熟。苏堤民间认为五显帝是财神，每月的初一、十五，苏堤及周边农工商信众均到五显宫焚香上供；每年正月初五“神下降”日、正月十三迎神日，五显宫迎神队伍巡游全村；二月初二、六月初一、九月廿八举办清醮。旧时每逢天旱或瘟疫流行，苏堤各境均举办法事，进行求雨、祈福、求灵签等民俗活动，远近信众忙着争供，祭礼有“五牲”（鸡、鸭、鱼、猪肉、牛肉）、香茶、美酒、糍糕、五果，到宫里烧香烛、元宝，燃放烟花、礼炮，以祈福禳灾。

南岩侯缪二仙信俗

潭头镇南岩村是国家住建部授牌的“中国传统村落”，南岩“侯缪二仙”信仰系闽浙边界富有特色的民间信俗文化。相传“侯缪二仙”原是北宋江西鄱阳民间的一对姑嫂，因孝敬高堂、治病救人，善治小儿惊风，被宋徽宗敕封为“灵泽懿德二仙”。明朝万历年间，南岩王氏先祖迎回二仙塑像，建殿敬拜，传承近千年。2014年，南岩村民遵守祖训，重建“灵泽懿德仙宫”，使“侯缪二仙”信俗文化得以延续至今。此后每年正月十五前后，仙宫均举办信俗活动，供奉二仙，祈愿二仙消风祷雨，带来风调雨顺和人间平安。

南岩村的古民居

南岩侯缪仙洞

传统建筑营造技艺

民居屋檐的斗拱挑檩

福安地处闽东中心，在传统建筑的营造技术方面，与周边地区互相影响和借鉴，因而其营造技艺在闽东具有代表性。以民居建筑为例，正座是主体建筑，中轴对称；中间部分为明间，左右为次间，规模较大的民居在次间外侧还有梢间；其结构基本为抬梁式和穿斗式相结合。正座屋顶多为悬山式施鹊尾脊，也有硬山式或者歇山式；正座与廊庑山墙面通常设置成马鞍式、虎头式或虾蛄形的封火墙；正栋空间开阔，屋檐椽条间加望板作为装饰，空间简洁明快。整座建筑由正座、前后两侧廊庑和前后天井，围合成“目”字形。门楼间有大门、二门。二门平时关闭，避免门外人对内宅“一览无余”；大门开在外墙上，财力好的人家增设楼饰、匾额，雕花画鸟，精心装扮。受场地或其他因素限制，有的住宅大门不设在中轴线上，而是根据“风水”说法，开在外墙适当的方位。大木作多采用当地盛产的杉木、木荷、桦木、榆木、楠木等优良木材，从选材、做“当篙”至房屋落成须经过30多道工序；石作、瓦作则采用当地青石、乱毛石、鹅卵石和当地烧制的青砖、瓦

传统木构建筑：种德寺

片、贝壳灰、三合土等材料，也须经过十几道工序方可完成。

土墙制作技艺

夯筑土墙

土墙厝的建造在我国有十分悠久的历史，先秦的《考工记》就有“版崇（高）二尺，长六尺”的记载。福安畲族迄今保留这个传统。筑墙工具是墙架（版）、线垂和墙锤。开筑时将墙架放到打好基础的墙身上，用线垂检查两侧版面是否垂直，无误后分层次装土，每次约16厘米，筑实后约10厘米。筑墙时应举锤过膝，加进力道，均匀锤筑，不可漏筑。同一层的两版墙相接处应做成45°斜面，尾尾相接；上下二版相接处，应错开筑，夹进部分上版，与下版筑在一起，使两版自然黏合。筑完一层，就垫上垫棍，再把墙架移到垫棍之上筑第二版。每天筑墙通常不过三层（约1米高），风干到一定程度再筑。墙身筑好后，要用墙拍把墙面拍平摧实拍光滑。山居人家的住屋，多土木结构，屋架直接置在山墙上，屋顶盖上瓦片，冬暖夏凉。

草鞋编织技艺

编织好的草鞋

编织草鞋又称“打草鞋”。原料主要是苎麻和稻秆。苎麻弄湿后锤打至软，搓成绳备用，稻秆也要锤软备用。编织过程有多道工序。（1）扎绳：编织者先绑起木制的“草鞋腰”，坐在专用凳上，将苎麻绳切割成适当

长度，对折成2股，然后扎在“草鞋腰”上，拉挂到固定在专用凳上的编织器（有5个小木柱，中位的稍高，构成4个档）上，再用茶油润泽麻绳，以增强润性。（2）打结：拉挂编织器后剩余的绳子与“草鞋腰”的绳子进行绑扎，形成草鞋的“鼻”（前结）。（3）编秆：取稻秆编织鞋垫（底），为使草鞋结实，要用扳子在鞋垫的不同位置上进行扳压。（4）插耳：草鞋快编好时，在两侧适当位置用麻绳插编“耳”（闭环），前3后4共7个。（5）打结：绑扎草鞋后部，做成鞋跟。（6）收尾：搓一根稍细的草绳把草鞋“鼻”“耳”以及后跟串起来，再用木棒捶打草鞋，使整体更妥帖；最后拿剪刀把草鞋表面露出的多余“秆须”剪掉，一只草鞋便制作出来。用同样的方法再编一只就成双了。

畲族彩带编制技艺

畲族彩带又称“山哈带”，是畲族女性不可缺少的装饰品，一般用作围裙腰带。彩带用各种颜色的丝线手工编织而成，通常是66—80厘米长、6厘米宽。纹饰分三部分，左右两边各宽1.7厘米，中间部分宽2.6厘米，多种颜色交叉搭配，色彩丰富，有蓝底红花、绿底白花、白底黑字等多种纹饰。编制时先“整经”，将一定根数的经纱按要求的长度和宽度平行均匀分布在经轴上，要求各根经纱张力相等；然后“提综”，将经线上下分开形成梭口。编织规格有“七根花”至“十九根花”等。“七根花”指穿梭编织花纹图案主要靠正中七根线，其余的编成平面花边，可织“田、由、申、甲、正、也、干、万、甘、目、古”等笔画简单的汉字，并有双菱形纹与其他几何形纹相结合的花边。“十三根花”的花带上织有蝴蝶、蜻蜓、梅花等图案和“十、井、日”等字样；“十七根花”和“十九根花”，编得稠密宽大，也更精致，可作畲族姑娘的嫁妆。

畲族彩带

韩阳孙氏青草油制作技艺

韩阳孙氏青草药油系传统的青草药油，由细辛根、土三七、金钱草、叶下红、过山龙根、扛板归、独活、艾草、山麻根、骨碎补等20多种民间青草药研制而成，用手工制作。制作过程将加工后的青草药粉末添加祖传的秘制材料，用土灶锅或铁药臼通过农家柴火加热煎炼的方式而制成，制作技艺可分曝晒、研磨、煎炼、醒药、精制、沉

青草药加工

酿、罐装和包装七步。相关制品有“护发养发原生态青草药油”“跌打/风温原生态青草药油”“烫伤原生态青草药汤”“康养原生态青草药油”等。

中秋饼（礼饼）制作技艺

福安中秋饼（包括婚嫁用的礼饼）为纯手工制作，自成风格。制作设备主要是传统的烤饼器具、炭炉、柴灶、铁锅等，原料有面粉、花生、芝麻、果仁、土鸡蛋、白糖、瓜糖、猪素肉、猪脊背油、豆沙、香菇、虾肉、蜜枣等优质食材。制作过程包括多道工序。（1）备料：选用猪脊背肥膘肉炼油备用；选优质面粉，蒸熟备用；预制馅料，包括香菇虾肉、什锦、素饼、无糖等品种。（2）制饼：将蒸熟的面粉和馅料分别撒上少许猪油制成饼团球和馅团球，将饼团球和馅团球分别用手均匀拍打到适当的厚度和宽度；将馅团球包在饼团球里，放在手心窝均匀地用力旋转拍压，直至饼团球完全包裹住馅团球，成为饼胚。（3）煎烤：将饼胚均匀地排放在撒有少许猪油的铁制煎烤锅上，在饼胚表面刷上蛋液、撒上芝麻，用木柴或木炭作燃料明火煎烤；精确掌控火候、时间，配合适当使用手摇油纸扇、间或移动锅盖，使煎烤效果恰到好处。（4）出饼和包装：煎烤好的中秋饼呈金黄色，香气浓郁。将成品铲出，放在竹匾上自然风凉；包装，装盒，上市。

福安中秋饼

茉莉花茶制作技艺

近代福安在主产工夫红茶的同时，花茶的产量也很可观。福安花茶

茉莉花园地

以茉莉花茶为主，利用茶善于吸收异味的特点，将有香味的鲜茉莉花和新绿茶一起窨薰，待香气被茶充分吸收后将干花筛除，制成花茶；因香味浓郁，茶汤色深，深得我国北方浪费者喜爱。福安茉莉花茶的窨制过程分为两个阶段。先将烘青绿茶精制为茶坯，而后以适量茉莉鲜花混合，静置窨制，形成多种级别的花茶产品。茉莉花茶的窨制过程主要是鲜花吐香和茶坯吸香，一吐一吸是窨制技术过程中两个关键点。其工艺流程为：茶坯复火，冷却，鲜花处理，窨制拌和，静置窨花，通花散热，收堆续窨，出花（起

茉莉花茶窨制

花），湿坯复火，干坯冷却，提花或（转窨），匀堆装箱。

白茶制作技艺

福安白茶的生产历史悠久，早在清嘉庆年间就已生产。中华人民共和国成立以后，福安白茶保持一定产量，主要销往香港、澳门等地。改革开放以后，福安白茶通过国家地理标志商标注册，产业大幅度发展，并多次在全国名优茶评比中获高奖，2018年产量3906吨。福安制作白茶的当家茶树是国家认定的优良品种福安大白茶，此外坦洋菜茶和其他新培育的高香品种也是生产花香白茶的优质原料。白茶的制作主要有四个工序流程。（1）采摘：根据气温采摘玉白色一芽一叶初展鲜叶，做到早、嫩、勤、净。（2）萎凋：采摘回的鲜叶用竹匾及时均匀摊放，根据气候条件和鲜叶等级，灵活选用室内

福安白茶萎凋工艺

福安大白茶生态茶园

自然萎凋、复式萎凋或加温萎凋，使茶叶达七八成干。（3）烘干：初烘10分钟，温度100—120℃，摊凉15分钟，复烘温度80—90℃，再低温70℃左右长烘。（4）保存：成品茶含水分控制在5%以内，储存环境要求通风、透气、避晒、防潮，不可置于高温、强光、有异味的环境之下。现今多放入冰库冷藏。

泥塑制作技艺

制作形模

上泥成型

泥塑俗称彩塑，是民间的一项传统技艺，在福安有着悠久的历史。主要以立像的形态表现神佛形象和神格化的儒释道人物，也包括部分历史故事中的人物造像。泥塑的主要材料有山泥、棉花纤维、杉木、草绳、棉线、禾秆、颜料、金粉等。制作前先设计出手工图，然后依图进行制作。（1）调制塑泥：挖取湿度适宜、干净无杂质、呈黄褐色、细腻、有黏性的山泥，适量加放棉花纤维或纸浆、蜂蜜等，通过踩踏、捶打、摔、揉制成黏性足和弹性高的塑泥。（2）制作形模：选用干湿度适中的杉木制作制品的脊柱，用于支撑重力；再根据制品结构及造型在脊柱周围缠绕上禾秆，用草绳和棉线把禾秆捆扎起来。（3）上泥成型：手抓预先调制好的塑泥，用力甩到形模上，用拳头扎实，再用木棰锤实，如此反复至泥塑制品成型。（4）精细加工：

用木质“斧刀”运用雕、塑、捏等技法对制品进行精细加工，完成面貌、衣饰、形体和配件（如佛像莲花座等）；然后抹光，使制品活灵活现、生动传神。（5）阴干和彩绘：抹光后，将制品放到阴凉处阴干，一年多后进行彩绘；彩绘也叫着色，先上一层底色，使制品表面光洁，便于吸收颜色，然后再敷以色彩或金粉；彩绘的颜料多用品色，调以水胶，以加强颜色附着力。

闽派灰雕技艺

灰雕又叫“灰批”，是以经过特别处理的石灰为主料，用批刀直接雕贴于墙上或檐下，

干结后形成祥瑞图案、山水、花鸟、人物画面，具有浮雕的艺术效果。它有用料简，操作易，耐久存等特点，祠堂、庙宇、寺观、邸宅等传统建筑都会用到灰雕装饰。灰雕历史悠久，流派纷呈。福安的灰雕艺术有自己的特点，但总体上归属闽派。灰雕材料的制作是重要的第一环节。先做“草筋灰”：将石灰用水泡成灰浆，将干稻草剪成碎段，然后将稻草段用石灰浆一层层浸泡，成为“草筋灰”，加上水泥和细沙，用作灰雕的底部用料。再制作“纸筋灰”：将草筋灰浸泡20天左右，打磨成浆，混合糯米粉、红糖等，便成“纸筋灰”，用作灰雕的表层材料；如果需着色，就在“纸筋灰”中加入矿物颜料。以上材料制作好后就可以施工了。先根据图案的造型需要，在墙上用钢钉、铜线作筋线、做坯，再用草筋灰一层一层造型，最后用纸筋灰做成灰雕图案的表层，经过细致的批修，栩栩如生的浮雕便做好了。灰雕作品主要装饰在古建筑的山墙、墙头、屋脊、檐角、照壁、门楼、门窗上，既增强墙体的牢固度又有观赏价值，还有吉祥、喜庆的含义，深得人们喜爱。

福安金器制作技艺

福安金器制作技艺是以金块为基体原料，将没有经过熔化提炼的生黄金熔炼成金汤，通过传统的手工造型模，铸成金饰品雏形，通过錾刻、镂

熔炼金汤

整形

空、镶嵌、整形、镜面抛光、清洗（有些金饰品还需要通过反复的捶打、制作棱角、反复整形、景泰蓝）等传统的手工程序，运用多种手法，包括锤鍱、掐丝、炸珠、錾花、累丝等，将金器物上的各种器形和纹饰、图案、金珠、金丝、錾痕纹理等完美结合在一起精制而成，达到浑然天成的立体效果。制作技艺转化为形态产品即金器或金饰品，主要包括常规性的戒指、耳环、吊坠、项链、胸针、金币、手镯、手链、耳钉、发簪、长命锁等纯金、仿金、镀金、包金等，光彩绮丽。作为美化生活及精神享受的物件，出现在人们的日常生活之中，广泛应用于社会各阶层人群。

编 后 记

文化遗产是传统文化的结晶，它直观地反映了人类社会发展的重要过程，是民族的文脉，具有历史的、社会的、科技的、经济的和审美的价值，是社会发展不可或缺的物证。文化遗产从存在形态上可分为物质（有形）的和非物质（无形产）的两个大类；非物质文化遗产是指各种以非物质形态存在的、与民众生活密切相关且世代相承的传统文化。

福安的非物质文化遗产丰富而又精彩，2005—2022年经政府部门评审公布的各级非遗项目有37个。为了总结前一阶段福安非遗工作的成果，普及乡土非遗知识，进一步提升广大民众对非物质文化遗产的保护和传承意识，更好地做好今后的非遗工作，福安市文化部门决定编写这本“集萃”，简明通俗地介绍各非遗项目的基本情况（其中与银器锻制相关的3个项目合一叙述）。

编写工作于2022年2月启动。为了保证项目文本内容的质量，我们邀请对相应非遗项目的理解和文字能力俱佳的作者参与编写工作。各篇的写作首先注重科学性和逻辑性，不拘泥于项目保护单位提供的申报材料，而是从“历史”和“文化”的视角，尽量准确地对相关的非遗项目进行叙述。为了更精确地把握和理解细节，我们还多次组织作者到实地进行考察，同时纠正项目申报材料可能存在的失当之处。

编写一本适合普通大众阅读的非遗文本，是一个很有意义的文化工程；它不要求深入细致地探究文化的精要，也不必要面面俱到地叙述遗产的全貌，而是通过准确而简明的讲述将非遗保护与传承的理念传递给广大读者。阅读过程中，应该注意区别“传统文化”与“封建迷信”。传统文化是历史传承下来的人生态度与生活方式，它渗透在我们现代人生活的方方面面，充满真诚，体现的是民族的精神，宣扬的是“大道之行也，天下为公”；封建迷信是传统文化中的糟粕，表现为对人性或者人权缺乏足够的尊重，拿传统理论强行解释或否定现代科学（包括现代自然科学、现代社会科学、现代应用科学），抵制逻辑思维，装神弄鬼，缺乏公心和普济性，是少数人欺诈和玩弄别人的手段和把戏。还应该准确理解和正确对待传承保护与开发利用的关系。只谈保护不谈有效传承就是将文化遗产碎片化和博物馆化，只谈创新性传承而不谈保护只会加速遗产的变异和毁坏，直至面目全非；对待民间信俗，应该重视挖掘蕴藏其间的积极精神、健康要素，并适当向审美资本转换，同时警惕封建糟粕的沉渣泛起。

本书的编写工作于2022年10月初基本结束。为了增强读者的现场感和文本的可读性，每一篇都配有插图。插图照片来自三个方面：非遗代表性项目申报申请单位提交的图片资料，福安市文化馆副研究员黄俊的作品，以及李健民、李杰、肖春辉、李立、王瑞凌、林章明、钟桂梅等提供的摄影作品。

2023年1月5日，福安市人民政府批复公布“福安市第四批市级非物质文化遗产代表性项目名录”（安政文〔2023〕4号），共有16个代表性项目，一并附于书后；至此，全市的非遗代表性项目共有53个。

本书付梓前，承蒙雷卫平、雷逢德两位先生审读部分文稿，并提出很好的意见，在此谨表谢忱。

编写这样的一本书，对我们是第一次，失当之处在所难免，敬请读者和方家提出宝贵的意见。

李健民

2022年10月23日初稿

2023年2月1日改定

【作者简介】李健民，宁德市民族中学教师。2009年退休至今著有《品读福安》《闽海赛江》《赛岐纪事》《福建畲族文化读本》《坦洋工夫》等，编写中小学畲族文化系列教材《畲族文化简说》等，总纂《宁德市教育志（1993—2007）》，主编《福安市教育志（1991—2015）》《大留村志》《苏堤村志》等，发表专文若干篇。